الحمد لله على كل شيء

Faridat Oreagba

Voie du Cœur ; Contemplations Islamiques sur les Deux Vies

©2024 Faridat Oreagba
Édition : BoD – Books on Demand, info@bod.fr

Impression : BoD – Books on Demand, In de Tarpen 42, Norderstedt (Allemagne)

Impression à la demande
ISBN : 978-2-3225-3975-8
Dépôt légal : Juillet 2024

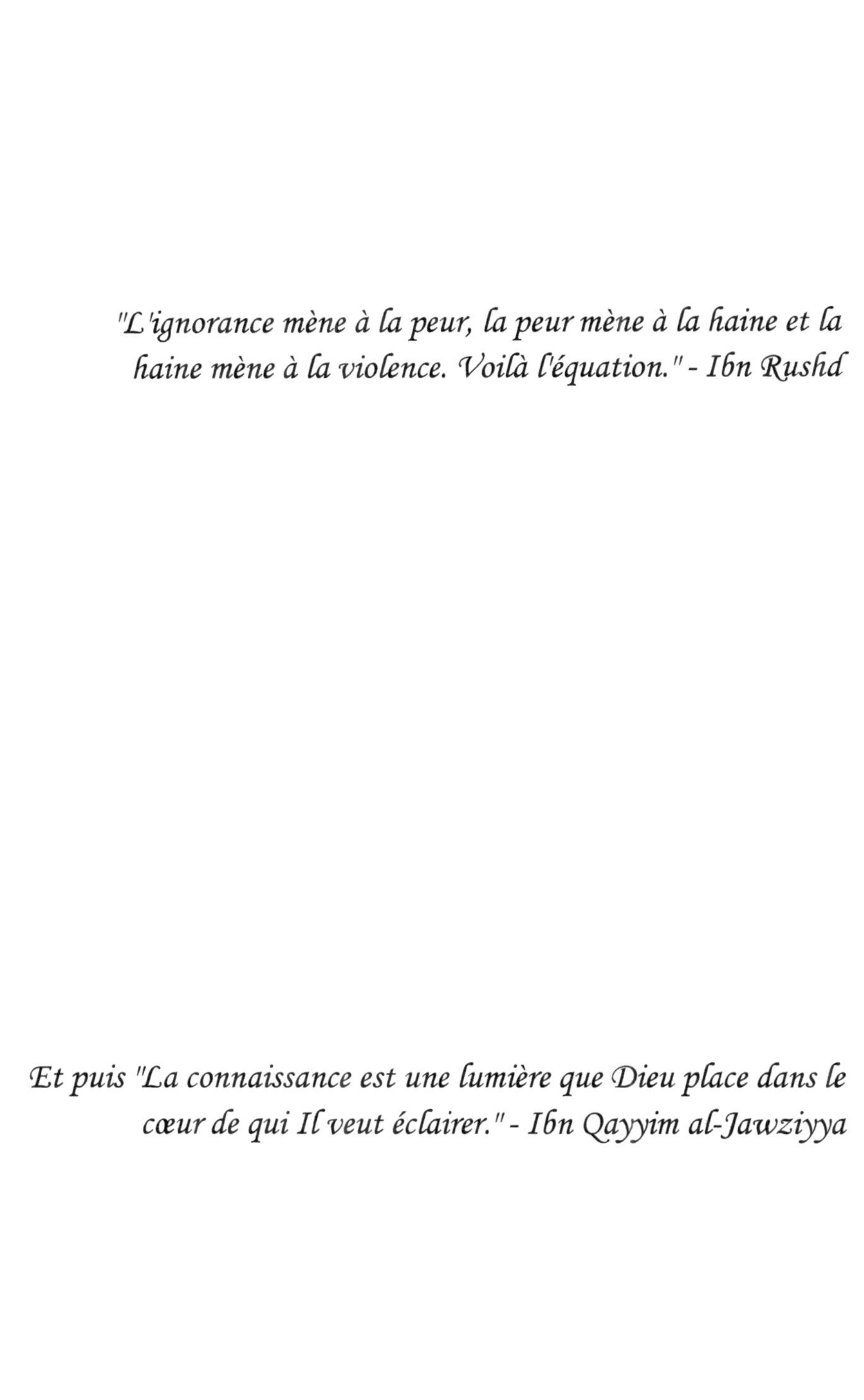

"L'ignorance mène à la peur, la peur mène à la haine et la haine mène à la violence. Voilà l'équation." - Ibn Rushd

Et puis "La connaissance est une lumière que Dieu place dans le cœur de qui Il veut éclairer." - Ibn Qayyim al-Jawziyya

Enfin Le Prophète (sur lui la paix et le salut) a dit : « Le mérite du savant par rapport à l'adorateur est semblable à mon mérite par rapport au moindre d'entre vous ! » Puis, le Messager d'Allah (sur lui la paix et le salut) a dit : **« Certes, Allah et Ses Anges, ainsi que les habitants des cieux et de la Terre, jusqu'à la fourmi dans sa fourmilière et le poisson, prient pour ceux qui enseignent le bien aux gens. »**

Préface

Je ne sais pas trop quoi dire... Je voulais juste que mes amis et ma famille puisse se souvenir, se souvenir que notre religion est le plus beau cadeau qu'on aurais pu obtenir. Elle regorge d'histoire passionnante, de paix, de sérénité et de solution face aux épreuves qui nous écrase ici-bas. Des ténèbres à la lumière, de la mécréance à la croyance, de l'ignorance au savoir, cette religion m'étonnera toujours. Il faudrait plus d'une vie pour apprendre et comprendre notre religion. Je suis loin d'être une savante, d'être une personne bien, d'être celle que je voudrais être. Ce livre est simplement l'œuvre de la moi de 18 ans qui chaque soir de Ramadan développait dans sa story, un thème de l'islam et partageait ses trouvaille et son peu de connaissance à ses amis musulman. Je voulais simplement me rapprocher d'Allah, je voulais juste que les autres discute de la religion avec moi. Je voulais me sentir musulmane. Je m'excuse pour toutes erreur que vous pourriez retrouver dans ce livre. Petit, grand, vieux je vous invite à plonger dans ce voyage, je vous invite à plonger dans cette aventure spirituelle.

Si vous voulez en savoir un peu plus sur moi, je suis une esclave endormie du destin tel que vous, une fille qui est aveuglément et inévitablement lié à son destin, sans possibilité de se libérer ou d'agir contre lui. Je suis piégée dans une vie prédestinée, ignorante ou encore incapable de changer les événements inévitables qui jalonnent mon existence. J'accepte passivement ce qui est censé arriver. Mon cas est si étonnant n'est-ce pas ? Tout ce qui me concerne est un bien, et cela n'appartient à personne d'autre qu'une personne ayant le même statut que moi : Si un bonheur m'atteint, je me montre reconnaissant et c'est un bien pour moi. Et si un malheur m'atteint, je me montre patient, et c'est un bien pour moi aussi. Je suis heureuse d'être soumis au destin du Créateur des cieux et de la terre.

Ce recueil n'a juste qu'un seul objectif ; Vous donner l'envie d'en apprendre encore beaucoup plus sur l'Islam, cette lumière qui a éclairé, éclaire et éclairera encore longtemps l'humanité.

Louange à Allah ﺗﻌﺎﻟﻰ et que la paix et la bénédiction soient sur Son Prophète et Messager, Muhammad ﷺ, ainsi que sur sa famille, ses Compagnons, les prophètes qui lui ont précédé ainsi que tous ceux qui le suivront.

Qu'Allah تعالى me pardonne et vous pardonne, Qu'Allah تعالى me facilite et vous facilite, Qu'Allah تعالى m'aime et vous aime.

Qu'Allah تعالى arrange ma situation et arrange la vôtre.

Puis surtout qu'Allah تعالى nous fasse rentrer dans son vaste Paradis… Seulement là, à ce moment-là je me dirais que ma vie sur terre valait la peine d'être vécu.

Dans l'ombre de l'âme, où les échos du désespoir résonnent, une lueur vacille, bravant les ténèbres : la miséricorde d'Allah !

Ne pas désespérer de la miséricorde d'Allah تعالى c'est plus facile à dire qu'à faire sauf si on comprend et que l'on incorpore dans nos cœurs ce que veut dire la miséricorde.

A chaque unité de prière avant la prosternation on lit la sourate Al Fathia soit en une journée 17 fois. Et saviez-vous aussi que dans cette sourate on prononce 17 × 2 = 34, 2 attribut merveilleux d'Allah تعالى ?

Des attributs qu'Allah تعالى a voulu qu'on se souviennent du moment où on a commencé à prier pour la première fois jusqu'à notre dernier souffle de vie. Nous pourrions même affirmer que ce sont les deux attributs d'Allah les plus cités dans le monde musulman ; Ar Rahman et Ar Rahim. Allah ne fait rien au hasard, Il aurait pu choisir d'autre attribut mais Allah à choisit ceux-là. Il faut donc s'attarder sur ces deux attributs et comprendre l'irresponsabilité des personnes qui ose désespérer de sa miséricorde.

Ar Rahman ; Le TOUT Miséricordieux
Ar Rahim ; Le TRÈS miséricordieux.

Le Tout et le Très change radicalement le sens de ces deux attributs qui pourrait sembler signifier la même chose or il y a une certaine ambiguïté concernant le sens profond.

Ar Rahman veut dire celui dont la miséricorde englobe, entoure et embrasse TOUTE chose. Que ce soit pour les humains musulmans ou non, les djinns musulmans ou non, les animaux, de même que les insectes et les plantes : La miséricorde d'Allah تعالى inclus toute Ses créations.

Ar Rahman ne se limite pas à déverser Sa miséricorde au croyant mais aussi au non croyant. Allah تعالى est tendre, doux et déborde d'amour pour ses serviteurs, tous ses serviteurs. Il est Compatissant, Bienveillant et Il a ce don parfait de bientraitance. Allah تعالى aide tous ceux qui sont dans le besoin.

Mais n'oublions surtout pas qu'Allah تعالى est aussi Ar Rahim celui qui est Très miséricordieux, c'est-à-dire débordant de sollicitude et d'empathie, cette fois non pour tous ses serviteurs mais pour des serviteurs spécifiques : Les musulmans.

Nous Musulmans qui avons la foi et qui pourtant avions commis, commettons et commettront des péchés à nos propres détriments. Cette miséricorde qu'Allah à pour nous est différente et plus poussé que pour tout autre type de serviteurs.

Mais même en sachant cela on désespère souvent de la miséricorde divine d'Allah تعالى lors de deux types d'épreuve généralement :

-Des épreuves qui mène à la tristesse
-Des épreuves du genre de la tentation qui nous pousse au péché.

Parlons du premier type d'épreuve, celle où Allah تعالى nous retire un bien ou nous met face à une situation qui pourrait dans le futur nous causer du tort selon ce qu'en pense notre anxiété. Il faut savoir que cette vie est une vie de lutte et d'endurance. Si Allah تعالى nous propulse dans ce genre de situation c'est simplement pour tester notre foi en lui dans le présent mais aussi dans le futur.

Avant de s'apitoyer sur notre sort, il faut relativiser, c'est à dire dénombrer tous les bienfaits qu'Allah تعالى a déjà déverser sur nous pendant si longtemps (la santé par exemple). Mais il faut aussi dénombrer grâce à nos expériences passé le nombre de fois qu'Allah تعالى au dernier moment a rendu les choses faciles.

Parce que oui à côté, les imams insistent bien sur le " à côté " et pas après mais à côté de la difficulté il y a certes la facilité. Combien de personne musulmane et non musulmane se sont suicidés pensant que la miséricorde d'Allah n'arriverait jamais et pensant que la mort était une issue ?

Musulmans ! Nous sommes et devons être fort et endurant car Allah تعالى éprouve les gens qu'il aime. Prenons l'exemple de Maryam paix sur elle, mère d'Issa que la paix soit sur lui. Dû aux douleurs et à la peur d'annoncer la naissance d'un enfant elle souhaitait mourir mais regardez la réponse que l'ange Djibril lui a donné :

« Alors, il l'appela d'au-dessous d'elle, [lui disant :]: « Ne t'afflige pas. Ton Seigneur a placé à tes pieds une source ». Sourate 19 verset 24

Ou encore prenons l'exemple de la mère du prophète Musa paix sur lui qui a jeté son fils a la mer ne pensant plus jamais le revoir mais Allah quelque temps après le lui a rendu afin qu'elle ne s'afflige pas.

Allah nous a comblé chacun et chacune de bienfait différent et malheureusement on oubli de le remercier parce que ça nous parait normal et presque logique d'avoir ces bienfaits en continu et on ne peut pas blâmer Allah de nous faire vivre une épreuve qui ne durera que le laps d'un temps et dans laquelle nos cœurs savent que l'issu est proche.

Ce genre d'épreuve est censé nous reformer, nous rapprocher, et surtout nettoyer nos péchés antérieurs : Car le prophète Muhammad ﷺ a dit :

> « Il n'est pas une fatigue ou une maladie, un souci, une peine, un mal ou une angoisse qui touche le Musulman, jusqu'à l'épine qui le pique, sans que Allah ne lui efface à cause de cela une partie de ses péchés ». [Bukhari et Muslim]

Prenons cette tristesse provenant de l'épreuve comme une preuve d'Amour d'Allah تعالى. Prenons ces larmes comme une pluie nettoyant tous sur son passage. Certes celui qui place sa confiance en Allah تعالى ne sera jamais lésé que tu obtiennes ce que tu veux ou pas. Allah te protège et te donne ce dont tu as besoin car il te connaît mieux que tu te connais. Et tu en seras sûrement reconnaissant tôt ou bien tard.

Pour ceux qui lorsqu'ils ont commis un péché désespèrent de la miséricorde d'Allah dans le genre " Allah ne me pardonnera jamais, je suis destiné à l'enfer". Retenez ce qu'a dit le prophète Yaqub paix sur lui :

> « … Et ne désespérez pas de la miséricorde d'Allah, il n'y a seulement que les gens mécréants

qui désespèrent de la miséricorde d'Allah ». Sourate 12 verset 87

Waw ce verset me remettra toujours les idées au clair très vite. La miséricorde d'Allah dépasse sa colère. Il faut se remettre dans le contexte que Allah est notre Seigneur, et non un humain. Allah Le glorieux ne ressemble absolument pas à ses créatures. Ses créatures qui quand on blesse change de comportement "je pardonne mais n'oublie pas" "je te pardonne mais même si tu me manque ne revient pas" " je te pardonne mais il n'y pas de seconde chance" Allah transcende tout cela.

Tu as beau avoir commis des péchés au nombre des étoiles dans le ciel, tu as beau avoir tué une personne (Le prophète Musa paix sur lui a lui-même commis cela sans le vouloir), tu as beau avoir braqué une banque, escroqué des gens, tu as beau avoir été un mécréant toute ta vie puis hop tu te converti et te repens d'un repentir sincère avec l'intention de ne plus recommencer et Allah te pardonnera et effacera tes fautes comme si tu venais de naître sans péché. Le musulman marche avec espoir, et en connaissant Allah.

Je me souviens j'avais vu une photo où des Palestiniens souriait en pleurant alors que leur maison, terrain famille tout s'était envolé. Je ne comprenais pas comment ils pouvaient réagir comme ça face à de telles atrocités et sachant que ce sourire pouvait leur coûter la vie. Mais au fond même en ayant tout perdu ils n'avaient pas perdu la foi en Allah donc en soit ils ont tout gagné.

Evidemment si l'on ignore la grandeur d'Allah ainsi que Ses attributs, on s'égare et s'enfonce dans la dépression d'être seuls vs ses péchés ou seuls vs la tristesse et cela provient de Sheytan. Il veut qu'on pense que c'est mort pour nous et il veut que l'on s'enfonce dans le même abysse que lui. Allah nous a légué à travers le prophète Muhammad ﷺ de magnifique duaa contre la tristesse, pendant les épreuves, pour se faire pardonner de nos péchés etc. Tachons de les utiliser.

Ô Allah, je me mets sous Ta protection contre les soucis et la tristesse, contre l'incapacité et la paresse, contre l'avarice et la lâcheté, contre le poids de la dette et la domination des hommes.

اللَّهُمَّ إِنِّي أَعُوذُ بِكَ مِنَ الهَمِّ وَ الْحَزَنِ، والعَجْـزِ والكَسَلِ، والبُخْلِ والجُبْنِ، وضَلَـعِ الدَّيْنِ وغَلَبَةِ الرِّجَالِ

Allâhoumma innî a'oûdhou bika mina-l-hammi wa-l-hazani, wa-l-'ajzi wa-l-

kasali, wa-l-boukhli wa-l-joubni, wa dala'i d-dayni wa ghalabati r-rijâl.

« Ô Allah ! Je suis Ton serviteur, fils de Ton serviteur, fils de Ta servante. Je suis sous Ton pouvoir. Ton jugement s'accomplit sur moi, Ton décret sur moi est juste. Je Te demande par tout nom qui T'appartient, par lequel Tu T'es nommé, ou que Tu as révélé dans Ton Livre ou que Tu as enseigné à l'une de Tes créatures, ou bien que Tu aies gardé secret dans la science de l'inconnu, de faire en sorte que le Coran soit le printemps de mon cœur, la lumière de ma poitrine, qu'il dissipe ma tristesse et mette fin à mes soucis. »

اللَّهُمَّ إِنِّي عَبْدُكَ ابْنُ عَبْدِكَ ابْنُ أَمَتِكَ نَاصِيَتِي بِيَدِكَ، مَاضٍ فِيَّ حُكْمُكَ، عَدْلٌ فِيَّ قَضَاوُكَ أَسْأَلُكَ بِكُلِّ اسْمٍ هُوَ لَكَ سَمَّيْتَ بِهِ نَفْسَكَ أَوْ أَنْزَلْتَهُ فِي كِتَابِكَ، أَوْ عَلَّمْتَهُ أَحَداً مِنْ خَلْقِكَ أَوِ اسْتَأْثَرْتَ بِهِ فِي عِلْمِ الْغَيْبِ عِنْدَكَ أَنْ تَجْعَلَ الْقُرْآنَ رَبِيعَ قَلْبِي، وَ نُورَ صَدْرِي وَ جَلَاءَ حُزْنِي وَ ذِهَابَ هَمِّي

Allâhumma innî 'abduka bnu 'abdika bnu amatik. Nâsiyatî bi-yadik.

Mâdin fiyya hukmuk, 'adlun fiyya qadâuk.

Asaluka bi-kulli-smin huwa laka sammayta bihi nafsak, aw anzaltahu fî kitâbik, aw 'allamtahu ahadan min khalqik, aw istatharta bihi fî 'ilmi-l-ghaybi 'indak, an taj'ala-l-qurâna rabî'a qalbî, wa nûra sadrî, wa jalâa huznî, wa dhihâba hammî.

Et ils disent : « Qu'est-ce donc que ce Messager qui mange de la nourriture et circule dans les marchés ? ... » Sourate 25 verset 7

D'après Abou Houreira (qu'Allah l'agrée),

Djibril s'est assis avec le Prophète ﷺ et regarda le ciel, c'est alors qu'un ange est descendu. Djibril lui a dit : « Ceci est un ange qui n'est jamais descendu avant cette heure depuis qu'il a été créé ».
Lorsqu'il est descendu, il a dit : « Ô Muhammad ! Ton Seigneur m'a envoyé vers toi avec le message suivant : Veux-tu que je fasse de toi un roi ou un serviteur prophète ? ».

Djibril lui a dit : Fais preuve de modestie envers ton Seigneur ô Muhammad.

Alors le Prophète ﷺ a dit : « Non, plutôt un serviteur prophète »   ».

*(Rapporté par Ibn Hibban et authentifié par Cheikh Al-
bani dans Sahih Targhib n°3280)*

Le prophète Muhammad ﷺ, est le prophète de notre communauté et donc le meilleur exemple pour nous. Le messager que la
paix et a bénédiction soit sur lui, aurait pu avoir mieux mais il a
décidé de vivre dans des conditions moins bonnes que celle d'un
prophète roi.

Beaucoup pense que l'argent que l'on obtient est le synonyme
de l'amour qu'Allah nous porte. Quand on voit une personne
mieux vêtue ou avec une condition de vie meilleure que nous on
est tenté de se dire qu'Allah l'a préféré aux autres. Mais on oublie
que l'être humain peut-être éprouver par la tristesse mais aussi par
le bien qui lui sont octroyés.

Parce que oui l'argent est un bien mais ce n'est pas forcément
un bien. L'argent est un bon serviteur mais un mauvais maître !

On ne va pas se mentir avoir de l'argent c'est incroyable ; On
peut s'acheter de quoi manger, on peut s'habiller comme l'on veut,
on peut aller où l'on veut quand on veut limite. Car l'argent est
l'équivalent des délices de la vie ici-bas. L'argent gouverne le
monde et prime même parfois sur nos principes et nos valeurs voir
même sur la santé.

Le prophète Muhammad ﷺ, a lui-même dit : "À chaque communauté sa tentation et la tentation de ma communauté sera l'argent." Et vu comment j'ai abordé le thème de l'argent on pourrait se demander « Est ce que le musulman a le droit d'avoir de l'argent ? Est ce qu'il risque sa place au paradis en ayant de l'argent ? Oui et non.

Oui parce que l'être humain a été créer avec une foi qui stagne selon ce qu'elle acquiert ou perd. L'argent peut tuer le cœur dans le sens où pour l'acquérir il faut concentrer son attention sur le bas monde alors qu'il est éphémère. Généralement les motivations qui nous poussent à vouloir augmenter notre pouvoir d'achat peuvent survenir de la situation familiale ou encore de la société qui valorise le droit des riches par rapport au pauvre ou tout simplement pour se faire plaisir. Cette envie est plus ou moins forte, dépendante de quel genre de société dans laquelle on nait.

Petite anecdote : En 5e je me souviens très bien que je n'étais pas du tout en haut de la classe sociale, mais Al Hamdoulillah pour moi ce n'était pas un gros problème tant que j'avais de la nourriture et de quoi manger. Mais plus le temps passait et plus les gens se moquaient de ma situation, je n'avais pas de vêtement de marque, ni de chaussure de marque, les enfants immatures du collège en ont profité pour se moquer... C'est à ce moment-là que j'ai commencé à développer cette envie d'être riche non pas pour me satisfaire mais pour satisfaire les gens autour. Et j'ai posé la pire question à Allah : Pourquoi eux ont ceci et moi pas cela ? Et ce genre de question pousse à commettre des choses illicites tout ça pour obtenir.

Et on se ment et on fait des promesses à Allah dans le genre :

" Pas de problème je vais donner au plus démunis quand j'en aurais plus, ça réparera mes erreurs" ou encore " Pas de problème je travaille maintenant je donne tout puis je rattraperais le temps passé"

On mise tous sur un futur incertain et on délaisse les bonnes actions qu'on aurait dû faire dans le présent.

On délaisse la prière pour avoir, On délaisse le dhikr pour avoir, On délaisse le Coran pour avoir. Plus on obtient, moins on dépense parce que ce n'est pas assez. On veut pour avoir plus. On finit donc par devenir le genre de personne qui est décrite dans la sourate Al Kahf : "Ceux dont l'effort, dans la vie présente, s'est égaré, alors qu'ils s'imaginent faire le bien"

C'est un verset qui me rend triste parce que ce n'est pas de l'égarement conscient mais c'est un égarement inconscient et comment une personne pourrait-elle changer de chemin si celle-ci ne sait même pas qu'elle est dans un chemin qui la mènera à sa perte ? On s'auto manipule en pensant manipuler Allah alors qu'agir de cette manière est une marque de l'insatisfaction. Dans ce genre de cas on risque le paradis.

Mais cet argent si on l'utilise de la manière la plus correct devient une clé pour obtenir le paradis. Si l'idée d'avoir de l'argent est construite dans le but de satisfaire Allah principalement et non que les désirs de ce bas monde, cet argent se doit de se détacher un maximum de la Dounya. Dépenser pour Allah c'est le fait d'accomplir la Zakat qui est un des 5 pilier de l'islam qui est souvent négliger.

Dans le Coran il est écrit :

> « Mon seigneur dispense avec largesse ou restreint Ses dons à qui Il veut parmi Ses serviteurs. Et toute dépense que vous faites (dans le bien), Il la remplace, et c'est Lui le Meilleur des donateurs » Sourate 34 verset 39

Celui qui accompli la Zakat obligatoire et celle non obligatoire est une preuve de foi, car oui l'aumône éteint les péchés comme l'eau éteint le feu, c'est un moyen de remercier Allah par rapport à l'argent qu'il nous a donné et de connecter cet argent de cette vie ici-bas à la pleine récompense qui sera obtenu dans la vie de l'au-delà.

La Zakat nous permet d'être satisfait de ce qu'on a comme argent car en donnant au plus démunis on se rappelle qu'Allah تعالى a été généreux et donc on dépense notre argent avec juste mesure, cet argent ne devient plus juste une envie de cumuler ou un objet d'orgueil.

Ce n'est pas parce qu'on obtient un bien qu'il est forcément un bien mais cela dépend donc de la façon dont on utilise et dépense ce bien.

Beaucoup de prophète ont été comblé par la richesse comme le Prophète Daoud et Souleyman que la paix soit sur eux et pourtant ils n'ont ni été ingrats ni été négligeant. Même si c'est plaisant d'avoir de l'argent, même si c'est tentant de vouloir devenir riche il ne faut pas oublier que le plus riche d'entre nous est celui qui est le plus satisfait de ce qu'Allah lui a attribué. L'argent peut-être un bien pour ceux qui savent comment l'utiliser et pour d'autre cet argent pourrait être leur Pass VIP en enfer

« Il se peut que vous détestiez quelque chose alors que c'est un bien pour vous. Et il se peut que vous aimiez une chose alors qu'elle vous est néfaste. C'est Allah تعالى qui sait, alors que vous ne savez pas » Sourate 2 verset 216

<u>*Dans l'ombre des croyances, le mauvais œil guette, tissant ses filets de malheur dans les dédales de l'Islam, rappelant la fragilité face aux regards envieux*</u>

Beaucoup y croit comme beaucoup n'y croit pas or dans un hadith authentique le prophète Muhammad ﷺ a dit : « Le mauvais œil est certes une vérité »

Donc il existe bien. Ce mauvais œil si on le néglige de trop peut conduire à une fin atroce.

Bien que les duaa comme je l'ai dit auparavant peuvent repousser le destin et bien le mauvais œil peut mettre un terme à ce destin, bien évidemment tous cela sous La connaissance parfaite d'Allah تعالى et sa permission.

Mais pour pouvoir se protéger il faut savoir ce qu'est le mauvais œil, de qui peut-il provenir ? Pourquoi en sommes-nous la cible ? Comment s'en protéger ?

Dans le terme mauvais œil, il y a "mauvais" et "œil" donc en procédant de manière logique, c'est quelque chose de néfaste, nocif, malveillant qui peut être détecter dans les yeux.

Mais comment un regard peut avoir la puissance de détruire ce qu'on possède ? La réponse est simple ; Le regard est le reflet de ce que ressent le cœur vis-à-vis de quelque chose ou quelqu'un. En effet le cœur est un territoire où plein d'émotion positive comme négative apparaissent et se dessinent.

Le mauvais œil est animé par l'envie et celle-ci est une maladie incontrôlable qui peut toucher tout le monde à n'importe quel moment. Nous pouvons même dire que c'est la maladie du cœur la plus dangereuse car on la possède inconsciemment comme consciemment et celle-ci peut faire du mal à autrui.

Mais il faut faire le point sur ce que l'on nomme envie : Elle se distingue en deux types :

-L'envie compréhensible et l'envie blâmable.

L'envie que je surnomme « compréhensible » = Vouloir avoir le même bien qu'autrui mais ne pas souhaiter que l'autre en soit déposséder. Ce type d'envie est neutre et ne suscite pas forcément de la malveillance.

L'envie blâmable = Vouloir avoir le même bien que l'autre et lui souhaiter que le bien en question qu'il possède disparaissent. Ce type d'envie blâmable brûle les bonnes actions comme l'a si bien dit le prophète Muhammad ﷺ. Ce type d'envie est destructeurs envers la personne ou la chose convoité.

Un imam dit que le combustible de l'envie blâmable est la frustration et l'échec. Ce type d'envie peut être confondu avec de la jalousie.

Donc ce mauvais œil provient principalement de l'envie blâmable mais aussi bien qu'étonnant, il peut provenir de de l'envie « compréhensible ». Car dans la sourate protectrice Al Falaq il est écrit "contre le mal de l'envieux quand il envie " donc cela regroupe tout type d'envie et d'envieux ! La frontière entre ces deux types d'envie est très fine.

Ce mauvais œil peut provenir de n'importe qui, que ce soit quelqu'un qui ne vous aime pas, vos amis, votre frère, votre sœur, même votre animal de compagnie bref toutes chose qui possède une âme et qui a un regard et une conscience.

D'ailleurs dans le Coran il est écrit :

> « Peu s'en faut que ceux qui mécroient ne te transpercent par leurs regards, quand ils entendent le Coran, ils disent : "Il est certes fou !" » Sourate 68 verset 51

Allah تعالى dans ce verset parle du regard comme une arme qui transperce, une arme qui peut blesser.

Les principales cibles du mauvais œil sont ceux qui se montre de trop et qui parle de trop de leur réussite. Ce genre de personne ne fait pas attention car peut-être par naïveté et dans l'engouement, elle oublie qu'elle attise le feu de l'envie blâmable. Mais tout de même quand Allah nous donne un bienfait comme des beau vêtement il ne faut pas se cacher au point où on décide de porter des habits totalement déchirés, non tout est dans le juste milieu car Allah تعالى aime voir les effets de ses bienfaits sur son serviteur.

Tant que le but n'est pas de se vanter, de s'enorgueillir ou d'avoir une volonté de briser le cœur des personnes qui possède moins que toi.

Les symptômes du mauvais œil sont les suivant mais ne sont pour autant spécifique qu'aux mauvais œil :

- Cauchemar répétitif
- Maladie sans cause
- Tu tentes quelque chose et ça ne marche pas et cela sans raison
- Flemmardise a un point ou tu n'as plus envie de réaliser des choses

Ce sont des signes de probabilité du mauvais œil mais on se rapproche beaucoup de la possession que peut exercer un djinn sur nous.

Le mauvais œil qui est la volonté consciente ou inconsciente d'une âme, ne prévaut pas sur la volonté d'Allah. Si Allah veut que l'effet du mauvais œil touche une personne, cet effet le touchera inéluctablement et si Allah ne veut pas que ce mauvais œil touche une personne cela ne se réalisera absolument pas.

Je le dit souvent mais l'effet du mauvais œil si elle ne cause pas la mort peut être une épreuve pour se purifier des péchés car tous mal qui nous touche est dû à ce que nos mains on fait ou encore c'est pour nous cet effet nous atteint avec un moindre mal afin de prendre conscience de ce genre de réalité que l'on sous estimait et donc pour apprendre à se réfugier vers Allah تعالى.

Donc la morale de l'histoire c'est de fermer sa bouche #humour
Non en vrai si une personne vous complimente demandez-lui implicitement ou explicitement de dire "Allahuma Barik" = Qu'Allah te bénisse/te préserve.

-Quand vous vous regardez dans le miroir dites aussi « Allahuma Barik » parce que on peut se porter l'œil à soit même
-Lire les trois dernière du Coran + Lire le verset du trône « Ayat Kursi »

- Demandez toujours à Allah de vous préserver de tout type d'envie car l'envie provient de l'insatisfaction des biens qu'Allah تعالى nous a attribuer. Il faut être reconnaissant tous les jours car il y a toujours pire que nous.

<u>***Dans le tumulte des mélodies, l'âme se perd, le cœur vacille, tandis que le danger de la musique en Islam, comme une vague sombre, menace la quiétude sacrée de l'esprit***</u>

La musique a toujours existé mais elle n'a jamais été autant populaire qu'à notre époque à partir des années 2000 voir beaucoup avant grâce aux applications comme Spotify, Deezer, YouTube qui permettent la propagation de la musique.

On ne peut échapper à la musique elle n'est partout rien qu'en montant dans le bus à 8h du matin le conducteur te met une radio avec des vieilles musique.

Impossible de fuir la musique, au moins une fois dans la journée on est sûr à 100% qu'on entendra un son passer.

Dans notre religion le thème de la musique elle est beaucoup trop controversée, je n'ai jamais vu un thème aussi controversé.

Beaucoup disent que c'est interdit et y en a d'autres qui disent que c'est juste déconseillé.

Personnellement avant étant donné que :

1/ Y'avait que des hadiths qui disait que c'était interdit mais dans ma grande crédulité je ne prenais pas aux sérieux les hadiths

2/ Le doute qui s'est installé dans mon entourage m'a donné l'opportunité de ne pas aller plus loin dans mes recherches de la vérité doute.

Donc de mon côté j'avais choisi l'option déconseillée.

Mais là maintenant quand je repense à la manière dont j'ai mené mon raisonnement j'ai réalisé que j'étais dans un égarement très profond surtout sur le 1e point qui parle des hadiths.

En effet les hadiths sont les transmissions des actes et paroles du prophète Muhammad ﷺ.

Certains considère qu'il ne faut pas suivre les hadiths parce ce que selon eux, bien qu'il croie au prophète Muhammad ﷺ Ils considèrent que ce qu'il dit n'est pas dicté dans le livre d'Allah تعالى.

Mais il faut savoir que si penser ainsi est très grave, on sort de l'islam pour plusieurs raisons :

Voyez-vous quand on jure sur quelque chose on ne jure pas sur n'importe quoi. On jure sur quelque chose d'important pour que la personne en face de nous nous croit, c'est pour montrer la véracité de nos propos. Si on jure sur nous-même cela veut dire que c'est encore plus sérieux.

Dans le Coran, Allah تعالى jure beaucoup pour appuyer ses propos :
"Par la nuit quand elle couvre tout"
"Par le ciel aux voie parfaitement tracées"
"Non je jure par les planète"

Mais Allah jure peu par lui-même dans le Coran et donc sur les peu de fois où il jure par lui-même il faut prendre ces versets d'une extrême considération
Voici un verset où Allah jure par lui-même :

« Non ! ... Par ton Seigneur ! Ils ne seront pas croyants aussi longtemps qu'ils ne t'auront demandé de juger de leurs disputes et qu'ils n'auront éprouvé nulle angoisse pour ce que tu auras décidé, et qu'ils se soumettent complètement [à ta sentence]. » Sourate 4 verset 65

Ici aucun doute Allah parle du prophète Muhammad ﷺ et donc avec une vérité simple et non réfutable suivre les hadiths = suivre le prophète Muhammad ﷺ = être musulman

Et concernant la musique le prophète Muhammad ﷺ a dit :

"Il adviendra des gens de ma communauté qui pratiqueront beaucoup la fornication, le fait de porter de la soie [pour les hommes], le fait de boire les boissons alcoolisées et l'utilisation des instruments de musique à corde"

Et ce hadith est rapporté par al-Boukhari (généralement quand c'est rapporté par al-Boukhari et Muslim la chaine de transmission est fiable)

Donc d'après ce hadith ; Les instrument a corde sont belle est bien interdits il n'y a pas de doute à ce sujet.

Cependant le chant acapella et les instruments tel que le tambour ne le sont pas. D'ailleurs chanson = chant + son (instrument)

Et si on considère la musique comme simplement déconseillé on serait comme les gens décrit dans le Coran de cette manière :

« Et, parmi les hommes, il est (quelqu'un) qui, dénuée science, achète de plaisants discours pour égarer hors du chemin d'Allah et pour le prendre en raillerie. Ceux-là subiront un châtiment avilissant... » Sourate 31 verset 6

Mais pourquoi Allah a interdit la musique ?

Dans tout ce que Allah a interdit, Allah nous met en garde d'un grand danger derrière. Il le fait pour notre bien être dans ce monde d'un point de vue physique, spirituel et psychologique.

Ce danger nous est à première vue invisible et on se demande pourquoi Allah a rendu ça interdit. Mais quand on rentre dans l'interdit pour y sortir sans séquelle c'est extrêmement compliqué et c'est généralement trop tard qu'on se rend compte qu'on est dans le caca.

La musique est un instrument du diable car il influence nos émotions en les amplifiant et Allah nous dit dans la sourate 17 : "Excite, par ta voix, ceux d'entre eux que tu pourras"

Sheytan pour nous ramener en enfer avec lui, joue sur le tableau de la manipulation.

Quand on est triste et qu'on écoute une musique, les paroles ainsi que le son derrière semble mieux nous comprendre que nos meilleurs amis et cela amplifie cette tristesse jusqu'à nous éloigner de la solution meilleure qu'Allah a à nous proposer et donc cela facilite à Sheytan l'entrée car on se trouve à la limite de la dépression.

Quand on est heureux on en écoute mais faut se rappeler qu'on se prend plein de pêché en seulement 2 min "de plaisir" à cause du son.

Et quand on est dans une sorte d'humeur ni heureux ni triste on en écoute pour passer le temps mais le compteur de mauvaise action tourne.

On s'éloigne de tout ce qui est drogue dur, tabac etc. Pour éviter la dépendance mais la musique provoque les mêmes effets que de la drogue (# spé science de la vie et de la terre = La musique libère de la dopamine qui est l'hormone du plaisir et cette dopamine peut en conduire à la dépendance c'est pour ça que la dopamine est considérée comme une endo drogue)

Quand j'ai lu ceci de Ibn Al Quayyim : "Il y a deux amours qui ne peuvent pas cohabiter dans le même cœur : l'amour du Coran et l'amour de la musique l'un chassera l'autre."

Je me suis donné comme objectif de lui montrer qu'il avait tort mais il avait raison je n'arrivais pas à gérer musique et Coran en même temps ; C'était comme jouer dans 2 équipes en même temps lors d'un match.

J'ai donc donner mon max pour à la limite être dégoûter de la musique

Voici donc mon conseil :

Ecouter votre musique préférer acapella (je trouve inutile de supprimer sa playlist d'un coup parce que c'est ce que j'ai fait mais dans tous les cas il y a YouTube et ça ne se désinstalle pas donc une mini envie puis on retombe dans le vice.

En écoutant mes musique acapella j'ai réalisé que sans les instruments derrière, la musique n'avait pas la même saveur

Et ça nous oblige à nous concentrer sur les paroles et de mon côté j'ai réalisé que soit j'écoutais du rap qui dénigrait beaucoup de communauté ou soit j'écoutais cette chanson en particulier parce ce que j'étais triste et que je voulais juste replonger dans mes pensées mais avec une musique qui accompagnait la scène dans ma tête.

Alors que quand j'écoutais du Coran j'étais vraiment apaiser et quand je le lisais je savais que je gagnais de bonne action pour l'au-delà et en plus je lis le livre de Celui qui guérit, Celui qui change les situations, Celui qui nous fait accepter tous type de situation et celui qui apaise.

Beaucoup d'enseignement sont à tirer du Coran qui est une miséricorde pour cette communauté tandis que la musique est plutôt une malédiction.

<u>*Dans les cieux il s'éleva, en paix il reposa, la sagesse d'Idriss paix sur lui jamais ne s'éteindra.*</u>

Le prophète Idriss paix sur lui est l'un des premiers prophètes ayant été envoyé sur terre. Le prophète Idriss paix sur lui est né 100 ans après le décès du prophète Adam que la paix soit sur lui. Il fut le premier prophète et le premier Homme à avoir utiliser la plume pour écrire. Le fait qu'il savait écrire était quelque chose de très important parce que à son époque tout le monde était de confession musulmane soit une seule communauté croyant à un même Dieu : Allah.

Mais ce n'est pas parce que on croit à un même Dieu qu'on pratique cette croyance et cette soumission de la même façon et de la bonne façon.

D'ailleurs il faut noter que c'est le dernier prophète à avoir eu une communauté 100 % musulmane parce qu'après lui est venu le prophète Nuh que la paix soit sur lui et celui-ci a fait face à une communauté ou presque tout le monde même certaine personne de sa famille ne croyait plus en Allah.

Le prophète Idriss paix sur lui est cité une seule fois dans le saint Coran :

« Et mentionne Idris, dans le Livre. C'était un véridique et un prophète, Nous l'élevâmes à un haut rang ! » Sourate 19 verset 56

Bref grâce à son don de l'écriture le prophète Idriss que la paix soit sur lui fût un prophète qui rappelait à emprunter le chemin de la droiture et enseigner à sa communauté en voyageant à peu près "partout" comment bien adorer Allah تعالى et comment bien se comporter car oui : le rappel profite aux croyant.

Et comme chaque personne musulmane, tout le monde veut qu'au jour du jugement dernier, sa balance penche du côté des bonnes actions.

En effet la balance de l'au-delà est une balance qu'Allah dressera le Jour de la Résurrection pour mettre en évidence la valeur des actes des hommes, les bons comme les mauvais. Allah nous jugera en fonction de nos actes.

C'est une balance très précise qui pèsera tous les actes sans rien en ajouter ni en enlever et personne ne connait la taille de cette balance.

Il a été mentionné que quiconque fait une mauvaise action et l'enseigne aux autres chaque fois que ces personnes vont commettre son enseignement il obtiendra une mauvaise action.

Notons l'exemple de l'histoire d'Abel et Caïn ou celui-ci a tué son frère et il est devenu la première personne de l'humanité à avoir tué quelqu'un donc à chaque fois qu'une personne sera tuée injustement, jusqu'au jour du jugement, Caïn recevra de son châtiment

Mais cette règle vaut aussi pour les bonnes actions et le prophète Idriss le savait car Allah lui avait dit :

> « Ô Idriss chaque jour tu as dans ta balance l'équivalent de l'ensemble des bonnes actions de tous les gens de la terre. Pourquoi ? Car celui qui montre le bien, aura la récompense du bien que cette personne fait »

Sachant cela : Que plus on obtient de bonne action et plus on est élevé à un très haut rang au paradis. Son seul but était de ne pas mourir et continuer à accumuler de bonne action.

En parlant à un ange, le prophète Idriss que la paix et la bénédiction soit sur lui demande à l'ange s'il pouvait rencontrer l'ange de la mort afin de pouvoir prolonger sa vie.

Cet ange donc l'emmène à travers les cieux mais s'arrête au 4e car c'est ici que se positionnait l'ange de la mort.

L'ange de la mort demande à cet ange ce qu'il fait là et surtout pourquoi il à emmener un humain ici. Cet ange lui répond qu'il vient demander s'il pouvait attendre avant de prendre son âme car le prophète veut continuer à accumuler des bonnes actions.

L'ange de la mort lui à demander plus d'information sur lui et quand il a su que c'était le prophète Idriss l'ange de la mort à commencer à glorifier Allah et à le remercier.

En effet Allah avait demandé à l'ange de la mort de retirer l'âme du prophète Idriss au 4e ciel mais il ne comprenait pas comment il pourrait faire cela sachant que c'était un être vivant sur terre et qu'aucun humain vivait au ciel.

Donc l'ange qui accompagnait le prophète, lui demanda combien de temps il lui restait à vivre. L'Ange de la mort lui répond qu'il ne lui restait même pas le temps d'un battement de cils.

Le prophète Idriss que la paix soit sur lui est mort ainsi et lors du voyage nocturne du prophète Muhammad ﷺ, nous a bien affirmé l'avoir rencontré au 4e ciel.

Le prophète Idriss est allé à la rencontre de ce qu'il fuyait. Cela me rappelle ce verset du coran

« La mort que vous fuyez va certes vous rencontrer… » Sourate 62 verset 8

Cette histoire a été une remise en question au niveau du devoir qui a été confié à l'ange de la mort.

Il est resté au 4e ciel en cogitant sur comment il allait accomplir une chose qui semblait vraiment impossible et dont Allah ne lui avait donné aucun indice. Parfois nous aussi on se retrouve dans ce genre de situation à penser jusqu'à nous exploser le cerveau puis en réalité ce qu'on cherchait c'est-à-dire la clé à tous nos problèmes se retrouvera juste devant nous il faut juste patienter.

Parfois on n'a pas besoin d'entreprendre d'action parce que peu importe comment on envisage la situation il y a des moments où passer à l'action est tout simplement impossible.

Il faut donc juste patienter, attendre l'opportunité et c'est au moment où l'opportunité se présente face à nous qu'il ne faut pas la rater et qu'il faut la saisir.

Il faut que l'on sache comment placer notre confiance en Allah تعالى, c'est Celui qui facilite.

En Islam, la science est la clé, Vers la sagesse et l'éternité

L'humain se pose toujours des questions. Toujours on a considéré religion et science comme deux domaines totalement opposés.

Science = Rationnelle

Religion = Source d'apaisement pour échapper à ce qu'on ne comprend pas

La science prône dans la plupart des cas l'inexistence de Dieu. Je me souviens que souvent j'étais entraîné dans des débats science vs religion et surtout science vs islam la plupart du temps je préférais ne pas trop parler. Je ne défendais pas mon camp mais je restais ferme sur ma position que l'islam était la vérité parce que c'était ainsi je ne voulais pas chercher plus loin

Le temps passe et je me rends compte qu'en fait j'aurais pu me défendre, j'aurais pu si j'avais eu la connaissance et la compréhension que j'ai aujourd'hui, si j'avais médité j'aurais pu affirmer haut et fort que oui la science et l'islam n'était pas des thèmes totalement opposés mais plutôt que la science c'est le Coran en lui-même et que nos découvertes et avancées sont déjà cités dans ce livre saint.

La science a pour but de discerner le vrai du faux et d'expliquer afin de mieux comprendre. Or comme je vous l'ai dit le Coran son deuxième nom c'est quoi ? ; Le discernement

Le Coran n'est pas qu'un livre qui relate ce que Allah veut ou pas, ou un recueil de vieux conte pour apaiser des craintes. Allah a mis dans ce coran de la science pur et dur afin que chaque âme y réfléchisse car l'humain, Allah le sait à besoin de preuve pour croire ou pour raffermir sa foi quand le doute s'impose.

Remettons-nous dans le contexte de la révélation du Coran ; Le prophète Muhammad ﷺ se questionnait sur la vie, sur ce qui l'entourait mais à cette époque au 7e siècle Le prophète ﷺ n'avait pas les connaissances ni les moyens techniques pour obtenir les réponse à ces question et donc il s'est plonger dans une extrême solitude pour réfléchir encore et encore et s'isoler du reste du monde.

Puis un jour au mois du ramadan, pendant la nuit du destin alors qu'il était dans la grotte l'ange Djibril est venu à lui et lui dit :

« Lis »

« Je ne sais pas réciter » dit le Prophète.

L'ange le saisit et le pressa jusqu'au point de le mener à l'étouffement.

Ensuite, il le lâcha et reprit : « Lis ! »

Le prophète répéta : « Je ne sais pas lire »

L'ange l'étrangla une deuxième fois au point de le mener à l'étouffement, après quoi il le lâcha et le prophète dit : « Je ne sais pas lire ».

L'ange, le saisit une troisième fois et l'étrangla. Ensuite il le lâcha et dit « Lis ! »

Le prophète insista sur le fait qu'il ne savait pas lire.

Alors, L'ange dit : Lis au nom de ton Seigneur qui a créé, qui a créé l'homme d'une adhérence. Lis, ton Seigneur est le Très Noble (Sourate 96)

Et il a lu grâce à Allah, le prophète Muhammad ﷺ a lu alors qu'il ne savait pas lire et il a lu et retenu les premiers versets du Coran qui sont descendu à lui.

Ce qui est étonnant ici c'est réellement le fait que dans le verset « Lis au nom de ton Seigneur qui a créé, qui a créé l'homme d'une adhérence. Lis, ton Seigneur est le Très Noble », l'une des premières phrases qui a été dites au prophète par l'ange Djibril fut appuyé d'une preuve scientifique " créé l'homme d'une adhérence"

Ce qui fait référence à un terme en embryologie Adhérence = Alaquah en islam = chose suspendu et l'embryon humain est réellement suspendu dans l'utérus de la mère.

La question pour le sceptique est bien évidemment celle-ci : Comment un homme illettré, au 7e siècle pouvait savoir ceci ? Si ce n'est qu'Allah lui a transmis des preuves pour l'humanité. Sachant que cette découverte concernant l'adhérence date de vers 1800 ?

Ou encore parlons de ce verset célèbre

> « Il a donné libre cours aux deux mers pour se rencontrer ; il y a entre elles une barrière qu'elles ne dépassent pas » sourate 55 verset 19

La science moderne a découvert qu'aux endroits où deux mers différentes se rencontrent, il y a une barrière entre elles. Cette barrière sépare les deux mers de façon que chacune conserve la température, la salinité et la densité qui leur ai propres. On retrouve ce phénomène au Golf d'Alaska.

Comment un homme qui n'a jamais vogué en mer pouvait savoir ce qu'il se passe sur la mer ?

Ou encore « Et Nous avons fait descendre le fer, dans lequel il y a une force redoutable, mais aussi maintes utilités pour les gens. » sourate 57

Le mot descendre n'est pas qu'une simple métaphore qu'Allah a utilisée car d'après une étude réalisée par un chercheur français, les objets en fer les plus anciens semblent tous avoir été forgés à partir de météorites métalliques.

Comment un homme qui ne savait rien en astronomie pouvait il retranscrire cela ?

Ou encore la large rainure de 300 km sur la lune qui se nomme Rima Aradaeus.

Beaucoup de scientifiques reste à ce jour perplexe sur la survenu de cette grande fissure alors que dans le Coran il est écrit

« L'Heure approche et la lune s'est fendue en deux » sourate 54 verset 1

Pour appuyer les preuves nous avons ce Hadith ; La lune s'est fendue en deux parties à l'époque du Prophète ﷺ en effet Une partie était au-dessus de cette montagne et l'autre partie était au-dessus d'une autre montagne.

Les gens ont dit :
-Muhammad nous a ensorcelé et certains d'entre eux ont dit alors :
-Même s'il nous a ensorcelé, il ne peut pas ensorceler l'ensemble des gens.

Et il y a encore plein et plein et plein de preuve incroyable et étonnant qui sont là pour le raffermissent de notre foi.

Mais ce qui me fascine c'est que ce Coran qui a été révélé dans le passé relate des chose, des preuves scientifique que l'on découvre seulement récemment dans le futur.

Encore beaucoup ne croit pas en Allah en disant que ce Coran a été inventé et regardez ce qu'Allah a lancé comme défi à l'humains de l'époque du prophète Muhammad ﷺ et ce défi s'applique même à notre époque :

Ou bien ils disent « Il l'a forgé [le Coran] » – Dis : « Apportez donc dix Sourates semblables à ceci, forgées (par vous). Et appelez qui vous pourrez (pour vous aider), hormis Dieu, si vous êtes véridiques. » Sourate 11 verset 13

Or on sait qu'à cette époque si moi par exemple je décidais en tant que mécréant d'accepter ce défi logiquement selon la capacité humaine je me serais premièrement :

- Basé sur la connaissance de l'époque donc si à cette époque ma connaissance était basée sur le soleil tourne autour de la terre par exemple et bien j'aurais dit cela
- Aussi il y'aurais beaucoup de contradictions j'aurais imaginé n'importe quoi afin de combler l'inspiration

Mais par la sagesse d'Allah tout a été mis en place pour que le Coran soit irréfutable.

La science et le Coran sont indissociables mais ce qui se dissocie c'est le Coran et le cœur de mécréants qui refuse d'accepter ces miracles de la science coranique pour des raison futile comme le fait de ne pas voir Allah de leurs propres yeux.

Mais comme l'a dit Allah تعالى :

« …Ce ne sont pas les yeux qui sont aveugle mais les cœurs » Sourate 22 verset 46

« Certes, il vous est parvenu des preuves évidentes, de la part de votre Seigneur. Donc, quiconque voit clair, c'est en sa faveur ; et quiconque reste aveugle, c'est à son détriment, car je ne suis nullement chargé de votre sauvegarde. » Sourate 6 verset 104

<u>Dans chaque épreuve, une leçon à saisir, La maladie, test que Dieu fait mûrir. Dans la patience, trouve la guérison, L'espoir en Allah, guide vers la solution.</u>

Si Allah تعالى existe pourquoi il laisse les humains souffrir ?

Si Allah تعالى nous aime pourquoi il nous met dans des situations où le seul sentiment que l'on ressent est la tristesse ?

C'est tout simplement parce que nous sommes des êtres éphémères face à des situation éphémère qui vont nous ramener vers l'une des deux demeures éternelles selon la façon dont nous agissons.

En tant qu'humain on a tous fait face à des situations très compliquée que cela soit par rapport à la famille, d'un point de vue de l'école, par rapport à nos amis etc.

Mais il y a un genre situation qui fait que si elle nous touche on ne peut même pas faire face à nos autres problèmes, cette situation nous paralyse et on se retrouve à subir sans pouvoir agir.

Cette situation c'est la maladie.

A première vu en la maladie il n'y a rien de positif. Il n'y a rien de drôle à ressentir son corps brûler alors qu'il fait froid, à être coincé dans son lit alors que on a des objectifs à accomplir, il n'y a rien de drôle à voir une personne à qui on tient mourir à petit feu.

Et c'est d'ailleurs même autour de ce sujet qu'il y a le débat sur autoriser ou non l'euthanasie active (suicide assisté)

Mais plus on avance dans la vie en tant que croyant et plus avec le temps on réalise que la maladie est un "réel" cadeau si on le voit de la manière ou il faut la voir c'est à dire au niveau spirituel et non physique ou psychologique.

Je vais vous raconter une histoire personnelle où j'ai vraiment réalisé cela. J'espère que vous éviterez de commettre les mêmes erreurs que moi du point de vue de la pensé ;

C'était en plein période de Ramadan, j'avais beaucoup de retard au niveau des cours et je m'étais donné comme objectif de boucler seize longs chapitres en une semaine. J'étais déterminé et le lendemain en me levant pour manger le Ftoor, je commence à avoir la gorge qui pique mais bon tranquille je vois qu'il y a du doliprane et c'est à partir de ce moment-là que j'ai faites la première erreur : Dans ma tête je me suis dit "le doliprane va me guérir et dans tous les cas mon système immunitaire va gérer"

En pensant comme cela, en ayant comme première pensé ceci j'avais totalement placé ma confiance en un doliprane et j'avais totalement négligées que ce n'étais pas moi qui avais le contrôle sur mon système immunitaire. Je me suis auto suffit.

Toutes la matinée tout allait bien mais c'est vers l'après-midi que mon état a chuté complètement, je n'étais plus concentré, je n'arrivais plus à travailler, j'avais de la fièvre, fallait voir comment je marchais aléatoirement en plus je ne comprenais pas comment j'ai pu avoir tous les symptômes d'une grippe en un jour sachant que ça ne m'était jamais arrivé. J'étais du genre à développer les symptômes petit à petit.

C'est après toutes une matinée que mon cerveau a enfin commencé à penser à Allah et à ce hadith du prophète Muhammad que la paix et la bénédiction d'Allah soit sur lui :

> « Le croyant et la croyante ne cesseront de subir des épreuves à travers leurs personnes, leurs enfants et leurs biens au point de rencontrer Allah (au Jour de la Résurrection) complètement débarrassés de tous les péchés. » (Rapporté par At-Tirmidhi).

J'étais honteuse car avant que ce mal me touche, j'avais eu une baisse de foi et je ne priais plus du tout à l'heure, j'évoquais de manière distraite Allah. J'avais oublié que la santé était un bienfait et que je l'utilisais dans des choses inutiles pendant un mois aussi précieux et important que le mois du Ramadan.

J'ai reconnu le bien qu'Allah m'avait donné qu'au moment où j'étais dans une situation critique et que j'étais en train de perdre ce bien.

Quand la maladie ne nous touche pas et qu'on est en bonne santé inconsciemment on se sent invincible. J'avais oublié que j'avais besoin d'Allah et que je ne l'avais pas assez remercié ces derniers jours comme il le fallait.

Pour tous ce qu'Allah m'avait déjà donné je ne pouvais pas me plaindre pour le peu qu'il m'avait enlevé peu importe ce que j'avais à faire dans cette Dounya et Allah me l'avais rappelé à travers cette maladie.

De part cette maladie Allah m'avait expié des péchés et m'avais rapproché de lui, il m'avait rapproché de l'essentiel.

Malgré mon retard au niveau des cours, c'est Allah qui pouvait faciliter ou au contraire rendre difficile.

Cette maladie est comme une session d'examen qu'Allah nous fait passer. Elle permet à Allah de distinguer le véridique et le menteur, le patient et l'impatient, celui qui se plaint à Allah et celui qui se plaint **d**'Allah. L'être humain n'est pas destiné à vivre pour toujours sur terre.

Allah تعالى dit dans ce verset que :

> « Très certainement, Nous vous éprouverons par un peu de peur, de faim et de diminution de biens, de personnes et de fruits. Et fais la bonne annonce aux endurants, qui disent, quand un malheur les atteint : " Certes nous sommes à Allah, et c'est à Lui que nous retournerons. » Sourate 2 verset 155-156

La grandeur de l'épreuve est proportionnelle à la grandeur de la récompense. Si on arrive à voir le positif dans le négatif, si on voit au-delà de la limite de l'éphémère, si on fait partie des gens qui patiente et « apprécie » presque cette épreuve de la maladie / handicap qui est l'une des plus grandes épreuves en que l'on connait on pourra In Shaa Allah avoir l'honneur d'entendre les anges nous dire ceci :

> « Paix sur vous, pour ce que vous avez enduré ! Comme est bonne votre demeure final » sourate 13 verset 24

Allah aime les serviteurs qui sont endurant pour lui, Il est avec les endurants et rappelons-nous toujours de ce verset du Coran ;

« … Quand viendra le secours d'Allah ?

-Quoi ! Le secours d'Allah est sûrement proche » Sourate 2 verset 214

Maintenant parlons d'un prophète qui est l'exemple même de la façon dont on devrait agir face à la maladie : Le prophète Ayoub que la paix soit sur lui.

Ce prophète est un homme qu'Allah à combler de bienfait matériel et d'une belle famille. C'était un prophète comme tous les autres prophètes qui adorait leur Seigneur comme il se devait.

Sheytan était très jaloux du prophète Ayoub que la paix soit sur lui. Il a donc demandé à Allah de prendre tous l'argent et la richesse de ce prophète et montrer à Allah qu'après ceci le prophète Ayoub que la paix soit sur lui deviendrais mécréant et ne résisterai pas à voir tous s'écrouler devant ses yeux.

Mais malgré cela le Prophète Ayoub que la paix soit sur lui continuait de louer Allah car il savait que c'était lui qui donnait mais que c'était aussi lui qui prenait.

Sheytan est donc allé au niveau supérieur c'est à dire demander à Allah de lui enlever ses enfants.

Les enfants du prophète moururent mais le prophète louait toujours Allah, il était resté fort et surtout il était resté croyant, ne demandant pas des comptes à Allah.

Cette fois ci Sheytan a donc demander à Allah تعالى d'éprouver le Prophète Ayoub au niveau de son corps.

Le prophète Ayoub à vue son corps s'affaiblir, son corps fut envahi par une douloureuse maladie. Les gens proches de lui craignaient extrêmement d'attraper sa maladie donc ils se sont éloignés de lui.

Seul sa femme est restée à ses côtés. Mais le temps passait : 1 ans 2 ans 5 ans etc. Ils n'avaient pas d'argent et bien que sa femme fût en bonne santé personne ne voulait aussi l'approcher et donc elle ne pouvait pas subvenir au besoin de son mari tous comme ses propres besoins.

Après des années de patience sa femme a craquée et lui a dit « Demande à ton Seigneur d'éloigner cette souffrance de nous ». Le prophète Ayoub lui rappela donc qu'Allah leur avait donné des bienfaits pendant plus de 80 ans et qu'ils étaient éprouvés depuis peu de temps.

Alors après cette réponse elle partit vivre ailleurs car elle n'en pouvait plus. Le prophète que la paix soit sur lui s'est retrouver seul mais ce qui est intéressant c'est que son corps était touché par la maladie mais pas son cœur qui lui était fidèle à Allah.

Allah dit donc dans le Coran :

« Et Ayoub, quand il implora son Seigneur : « le mal m'a touché. Mais
Toi, tu es le plus Miséricordieux des Miséricordieux. » Nous
L'exauçâmes, enlevâmes le mal qu'il avait, lui rendîmes les siens et autant qu'eux avec eux, par Miséricorde de Notre part et en tant que rappel aux adorateurs » Sourate 21 verset 83

Waw ! Est-ce qu'on se rend compte que dans la supplication du prophète il n'a même pas demandé à Allah de le guérir. Il a juste montré à Allah son impuissance face à la situation qui l'affligeait.

Imaginez juste la tête de Sheytan à ce moment-là. Il a de l'être abasourdi par le courage, la persévérance et l'endurance du prophète.

Le prophète Ayoub avait compris, et ses plus grandes armes face au mal qui l'avait touché était l'espérance et la patience.

En me rappelant de cette histoire au moment où j'étais malade, je n'ai fait que répéter cette invocation et Al Hamdoulillah le lendemain je me suis senti tellement mieux comme si le malheur qui s'était abattu hier sur moi n'avait jamais eu lieu. En réalité pour chaque épreuve il y a une issue et on doit toujours se rappeler de cela !

**Dans chaque prière, les anges se joignent en chœur, Leur protection, un don divin, un réconfort en toute heure. Leur amour céleste, un trésor inestimable, En Islam, leur présence, inaltérable et aimable.**

Anges en arabe = Malaikas

Tandis que l'homme a été créer d'argile et les djinns de feu, les anges qui ont été créer bien avant les hommes et djinns ont été créer à partir de lumière.

Je trouve que la lumière est une matière si on peut le dire assez particulière. Le fait qu'il ai été créer à partir de lumière nous enseigne déjà beaucoup d'information concernant leur nature. En effet quand on pense à la lumière on pense à l'espoir, à cette chose qui guide dans l'obscurité. La lumière de très nombreuse connotation positives.

Il faut savoir que les anges ne sont ni des hommes ni des femmes et ils n'ont pas besoin de manger.

Leur cœur contrairement à tout âme existant sur terre est dépourvu de toute passion et de toute tentation car Allah les a créer ainsi et donc chaque ordre, chaque décret qu'Allah décide ils l'exécutent. Les anges glorifient Allah nuit et jour sans jamais se fatiguer.

Tandis que nous les humains nous sommes sur terre, les anges peuplent le ciel et ils sont d'un nombre incalculable et ils ne mourront qu'au jour du jugement dernier. Ce ne sont pas des êtres éternels comme on pourrait le penser.

Ils ont une taille surdimensionnée et contrairement à ce que l'on croit bien que les anges obéissent fermement à Allah تعالى, ces anges ressentent des émotions et ont chacun un certains "caractère". Parce que oui beaucoup ont encore cette idée que ce sont des "marionnette " et il faut enlever ce genre de conception d'eux de nos têtes.

Croire aux anges est très important car c'est un des 6 pilier de la foi en islam et quiconque est ennemi des anges est ennemi d' Allah.

Les anges ont des rangs et parmi les grands anges il y a ce qu'on considère comme les anges de vie, ceux qu'on considère comme les anges de la mort et ceux qu'on considère comme des anges chargés de nous surveiller.

Parmi les anges de vie il y a l'ange Djibril, Mikaïl, (Radwane)

Il y a parmi les anges de mort (l'ange de la mort, Israfil, Mounker et Nakir, (Malik)

Et enfin parmi les anges chargés de nous surveiller nous avons : Les scribes, et plein d'autre anges dont on ne connait pas le nom

Je vais vous faire une description rapide des anges assez important à savoir.

Djibril : Ange de la révélation qui a accompagné beaucoup de prophète et qui fût tout au long de la vie du prophète Muhammad ﷺ, un intermédiaire en lui et Allah. C'est un ange messager et c'est le premier ange qu'Allah a créer. Il est très grand et possède selon un hadith 600 ailes. Depuis la mort du prophète Muhammad ﷺ, il ne revient sur terre que lors de la nuit du destin.

Mikaîl : C'est l'ange chargé de faire tomber la pluie, de nous faire voir les tonnerres et de diriger les vents selon l'ordre divin d'Allah, il est chargé de la météo en quelque sorte.

D'ailleurs sachez que le tonnerre, les vents et la pluie cache des bienfaits mais aussi des avertissements.

Il est rapporté que : « Un jour alors que nous étions avec le messager d'Allah, il plut. Il releva donc son habit de telle sorte que la pluie le mouille. On lui demanda la raison pour laquelle avait fait cela, il répondit car elle provient d'Allah. » rapporté par Muslim

Cette eau de pluie est vraiment pure et il est important de faire des duaa quand il pleut car les duaa à ce moment-là ne sont pas rejeté.

Concernant le vent Le prophète Muhammad ﷺ :

> « Celui-ci provient de la miséricorde d'Allah et il est source de clémence ou de châtiment. Ainsi, lorsque vous le voyez souffler, ne l'insultez pas, demandez à Allah son bien et recherchez la protection d'Allah contre son mal » Rapporté par An-Nassâ'î.

Concernant le tonnerre, il est source de menace et nous rappelle qu'il faut craindre la puissance d'Allah.

Radwan : Chef des anges qui garde le paradis.
Israfil ; C'est celui qui soufflera dans la trompe le jour du jugement dernier.

D'ailleurs d'après un hadith le prophete Muhammad ﷺ:
> « Celui qui va souffler dans la trompe n'a pas baissé son attention depuis que cette tâche lui a été confiée. Il est prêt et regarde vers le trône par crainte qu'on lui donne l'ordre

alors qu'il cligne de l'œil comme si ses deux yeux étaient des étoiles filantes » rapporté cette fois-ci par Al Hakim et authentifié par Al Albani

Mounker et Nakir : Ce sont les anges de la tombe qui pose les 3 grande question après la mort.

Malik : C'est le chef des anges qui sont chargé de garder l'enfer, d'ailleurs il a été dit dans le Coran :

Et ils crieront : « Ô Malik ! Que ton Seigneur nous achève une fois pour toutes ! » Il dira : « En vérité, vous êtes pour y demeurer (éternellement).

Maintenant parlons des anges qui nous entoure. Déjà même avant notre naissance ils y avaient un ange qui était près de nous et cela est prouvé dans un hadith.

Le Prophète (ﷺ) a dit :

« Allah met un ange en charge de l'utérus et celui-ci dit : 'Seigneur, c'est un sperme ! Ô Seigneur, (c'est maintenant) un caillot de sang ! Ô Seigneur, (c'est maintenant) un morceau de chair. Et alors, si Allah veut compléter sa création, l'ange demande : 'Ô Seigneur, (sera-ce) un homme ou une femme ? Un malheureux ou un bienheureux ? Quelle sera sa subsistance ? Quel sera son âge ? Tout ceci est alors écrit pendant que la créature est encore dans le ventre de sa mère » [Sahih al-Bukhari 6595]

Puis quand on est en âge de discerner le bien et le mal il y a deux anges qui se trouve toujours à nos côtés, quoiqu'on fasse et même quand on dort. Celui à notre droite écrit nos bonne actions et celui à notre gauche écrit nos mauvaises actions.

D'ailleurs dans un hadith, le prophète Muhammad ﷺ a dit ;

« L'ange qui se trouve à gauche retient sa plume durant six heures (ne transcrit pas) lorsque le serviteur tombe dans l'erreur ou le péché. S'il regrette et demande le pardon d'Allah, alors il (l'ange de gauche) range sa plume (n'écrit rien), sinon il écrit une seule mauvaise action. » (Rapporté par Tabarani et authentifié par cheikh Albani dans la Silsila Sahiha n°1209)

Il faut aussi que l'on pense aux anges qui nous protège au quotidien !

Il a été dit par un savant : Qu'il n'y a pas un seul croyant ou non croyant qui ne soit pas protéger par un ange qui lui dit "retourne toi" à chaque fois que quelque chose le menace mais il sera inévitablement touché par cette chose si Allah le décide.

Il faut savoir que les anges peuvent se transformer en humain.

Peut-être avons-nous déjà parler à un ange sans le savoir ?

D'ailleurs c'est sous cette forme humaine que l'ange Djibril à aider la mère du prophète Issa que la paix soit sur lui (Jésus) quand elle souffrait.

Enfin pour terminer je parlais du fait que les anges avaient des émotions et cela est prouvé dans deux hadith.

L'ange Djibril qui était au côté du prophète Muhammad ﷺ ont tous les deux vu un ange descendre sur terre et l'ange Djibril aussi majestueux en tant qu'ange à commencer à rétrécir. Après que le prophète Muhammad ﷺ, ai discuté avec cet ange et qu'il soit parti.

Le prophète a demandé à l'ange Djibril pourquoi il était devenu plus petit et l'ange Djibril lui a dit :

« Je jure par Allah que je pensais qu'il était venu annoncer le jour du jugement »
Donc en déduit que l'ange était Israfil celui qui allait souffler dans la trompe.

Le deuxième hadith est le suivant (je le trouve bien triste) :

Le messager d'Allah ﷺ demanda à l'ange Djibril :

« Comment cela se fait-il que je n'aie jamais vu Mikâil rire ? »

L'ange Djibrîl répondit :

« Il ne rit plus depuis que l'Enfer a été créé »

(Rapporté par Ahmed et Ibn Abi Dounia et authentifié par Cheikh Albani dans Silsila Sahiha n°2511)

**Dans l'ombre des ténèbres, Sheytan tisse sa toile, Séducteur de l'âme, en quête de sa proie déloyale. Mais dans la lumière de la foi, sa médiocrité est claire, En Islam, la vigilance contre ses pièges est nécessaire.**

En fait j'ai toujours pensé que c'était Sheytan qui allait subir le pire châtiment de l'enfer mais fallait que je me remette en question plus tôt car si Allah a promis des hommes et des Djinns en enfer c'est qu'il y a bien une raison.

Effectivement Sheytan a été meilleure que certains humains, Il est meilleur que certains humains et il sera même plongé en enfer meilleur que certains humains. Parce qu'au fond il n'est vrmt pas si différent que les humains bien que ça soit un djinn. Je m'explique...

Sheytan déjà n'a pas toujours été Sheytan et comme les humains les pires d'entre-nous n'ont pas toujours été au départ été des personnes mauvaises.

Pour connaître qui est Sheytan il faut retracer son histoire du début à la fin. Il faut savoir qu'avant que les êtres humains soient créés, la terre était peuplée de djinn (soit des démons) qui mettait le ravage sur terre, ces djinns devait adorer Allah comme il se doit mais ils ont préféré lui désobéir et faire n'importe quoi.

Mais il y en avait un, seulement un seul qui parmi tant de djinn se démarquait des autres. Il adorait son seigneur, il Le respectait, le glorifiait, l'aimait bien que tous les autres de son espèce désobéissait à Allah تعالى . Il était le seul djinn à avoir une foi immense en Allah.

Ce djinn se nommait Iblis. Quand l'ordre d'Allah fût venu d'éradiquer les djinns qui peuplaient la terre. Allah a élevé Ibliss malgré qu'il soit un djinn avec le libre arbitre au rang aussi grand que les anges au cœur pur et nettoyé.

Iblis a habité auprès d'Allah et des anges et il a jouit d'un bonheur incroyable. Jusqu'au moment où Allah a décidé de créer de ses propres "main" le prophète Adam que la paix soit sur lui avec quatre types de terre.

Quand Allah a insufflé son souffle de vie au prophète Adam que la paix soit sur lui, c'est à ce moment-là qu'il a compris qu'un être égal à lui venait d'être créé.

Il faut bien comprendre quand j'utilise le terme « égale » à lui parce que je vous rappelle que Ibliss était selon lui le meilleur parce que :

> - Parmi les djinns il était le seul à adorer correctement son seigneur Allah
>
> -Il ne daignait pas se comparer aux anges parce que les anges sont des êtres incapables de penser par eux même, ils ont été créer de lumière et donc sont totalement voués à adorer Allah. Ils n'ont pas de libre arbitre sur ce point-là.

Donc parmi tous les êtres il se sentait supérieur et soudain il voit la création d'un humain qui aux mêmes capacités de penser que lui.

Le « No turning back » fut commis au moment où Allah a demandé à tous les anges et Ibliss (djinn) de se prosterner devant Adam que la paix soit sur lui. Mais Ibliss à refuser par orgueil et jalousie, par mécontentement et par incompréhension de se prosterner. C'est à ce moment-là que que Ibliss est devenu Sheytan et il a promis qu'il égarerait chaque humain du premier au dernier.

Ibliss avait tout, et il est passé à Sheytan qui n'obtiendra rien de tous ses actes. Là on vient de parler de son origine. Je trouve cela important afin de pouvoir maintenant en venir à l'essentiel c'est a dire qu'elle est notre relation entre lui et nous ? La réponse est simple ; Il est notre ennemi.

Il faut savoir que Sheytan a une façon de ruser, qui est certes assez faible niveau puissance mais rappelons que l'humain par nature est faible.

Si on est sur terre c'est justement parce qu'il a réussi à corrompre la promesse que Adam et Eve avaient fait à Allah c'est à dire ne pas manger aux fruits d'un arbre du paradis.

Et la façon dont il a procédé est la suivante : Adam et Eve aimaient leur seigneur au point où ils voulaient tous les deux rester au paradis pour toujours et Sheytan sous une certaine forme les a conseillé de manger les fruits de cet arbre pourtant défendu pour devenir des anges.

Mais Adam as et Eve paix sur elle ne cèdent pas jusqu'au moment où Sheytan change de stratégie : Le mensonge.

Sheytan est venu vers eux et il a juré au nom de Dieu, au nom d'Allah que tous ce qu'il disait par rapport au fait de manger cet arbre et les bienfaits de cet arbre était vrai.

Malheureusement ils sont tombés dans son piège et Allah ne châtia pas directement les deux humain mais les envoya paix sur eux sur Terre et non en enfer.

Ainsi nous pouvons saisir le pourquoi du comment nous sommes sur Terre comment par punition et par miséricorde en même temps car ils sont passé d'une demeure où ils obtenaient tous sans effort à une demeure où il faut souffrir pour obtenir. Sheytan avait obtenu "sa vengeance"

Ce genre de pensée qui nous passe par la tête :
Et si je volais ?
Et si je mentais ?
J'ai le temps de me repentir …
La mort c'est dans longtemps …

Ce sont des waswas, des pensé qui proviennent du Sheytan pour nous égarer et nous promettre pousser à aller vers l'éphémère au lieu de bien œuvre pour l'éternel parce qu'il sait où il va et il veut qu'on y aille avec lui. Parce qu'il sait aussi que l'humain qu'on veut l'immédiat et que c'est dur pour l'humain de patienter.

Sheytan avant de me rencontrer moi autant que vous, a déjà rencontrer les milliards d'humain qui ont peuplé cette terre, il connait nos points faibles, la façon dont on pense et la façon dont on est capable d'agir en fonction de nos désirs et aussi la façon dont on agis par désespoir.

Il embellit nos péchés à un point ou en sortir devient une tâche presque impossible. Avant j'aimais bien dire quand je commettais des péchés que c'était la faute du Sheytan et je l'insultais parce que c'était plus facile pour moi de rejeter ma faute que j'ai moi-même faites de mes propres mains sur lui que d'admettre que oui c'était moi la seule fautive de l'histoire.

Mais en vrai juste lisez :

> « Et quand tout sera accompli, le Diable dira : "Certes, Allah vous avait fait une promesse de vérité ; tandis que moi, je vous ai fait une promesse que je n'ai pas tenue. Je n'avais aucune autorité sur vous si ce n'est que je vous ai appelés, et que vous m'avez répondu. Ne me faites donc pas de reproches ; mais faites-en à vous-même. Je ne vous suis d'aucun secours et vous ne m'êtes d'aucun secours. Je vous renie de m'avoir jadis associé [à Allah]". Certes, un châtiment douloureux attend les injustes [les associateurs]." » Sourate Ibrahim verset 22

Il m'a appelé et j'ai répondu, c'est simple. J'ai eu cette tentation j'ai cédé à la tentation et pour cela j'ai une mauvaise action à mon compte par ma simple et seule responsabilité.

Il a été dit que Sheytan a pleuré 4 fois

- Quand ce verset a été révélé : Allah a dit : « et pour ceux qui, s'ils ont commis quelque turpitude ou causé quelque préjudice à leurs propres âmes (en désobéissant à Allah), se souviennent d'Allah et demandent pardon pour leur péchés – et qui est-ce qui pardonne les péchés sinon Allah ? – et qui ne persistent pas sciemment dans le mal qu'ils ont fait. » Sourate 3 verset 135

-

Le Sheytan a compris que peu importe le nombre de fois que l'on pêchait un repentir pouvait tous effacer. Tout humain est pêcheur mais le meilleure des humains est celui qui ne se désespère pas de la miséricorde de son seigneur et se repent.

- Sheytan a aussi pleuré quand le prophète Muhammad ﷺ, est né. C'est-à-dire le prophète de la communauté du livre guide : Le Coran

-

- Quand la sourate Al Fatiha a été révélé que l'on surnomme aussi la mère du Coran ; La sourate salvatrice

Mais la première fois où il a pleuré fût le moment où il a été banni du paradis.

Vous savez il y a un symbole sur certains versets du coran qui signifie que l'on doit se prosterner lorsque l'on lit ce type de verset.

Sachez qu'on ne se prosterne pas devant un verset mais devant la magnificence d'Allah qui a révélé ce genre de verset et c'est de cela que Sheytan a été incapable de faire. Le but n'était pas de s'incliner devant la supériorité du prophète Adam que la paix soit sur Lui à proprement parler mais de s'incliner face à la puissance de celui qui crée sans avoir été créer.

A la fin des temps Sheytan sera le seul survivant sur terre et quand l'ange de la mort viendra à lui, il fuira à une vitesse mais où qu'il aille sur terre l'ange de la mort sera devant lui. Et la certitude : a mort viendra à lui.

Sachez que Ibliss a cru au 6 pilier de la foi que chaque musulman est censé connaitre :

- Croire en l'unicité d'Allah (il a vécu à ses côtés)
- Croire aux anges (Il a glorifié Allah avec eux même en étant un djinn)
- La foi aux messagers d'Allah (il a tenté de les égarer tous un par un)
-La foi aux livres d'Allah (Il en a été témoin)
- La foi au jugement dernier (Il a demandé à Allah de vivre jusqu'à ce moment)
- La foi au destin qu'il soit bon ou mauvais (il savait que sa destination serait l'enfer)

Mais croire en cela ne lui a pas suffi à échapper au châtiment.

Il faut comprendre que comparer à ce que certains croit ce n'est pas Allah تعالى vs Sheytan car la force de Shaytan n'équivaut même pas le poids d'un atome et même plus petit encore. Puis surtout Sheytan est une création d'Allah tout comme nous le sommes.

En vrai Sheytan est un ennemi déclaré mais on est responsable de nos propres actes, donc en soi l'ennemi que l'on doit craindre : C'est nous même car en vérité nos yeux, notre ouïe, notre corps tous cela témoignera pour ou contre nous.

Peut-être que maintenant nous sommes croyant comme l'a été Ibliss auparavant mais qui nous affirme qu'on ne deviendra pas un allié du Sheytan ?

Qu'Allah تعالى renforce nos notre esprit ! Battons-nous un max contre nous même, contre l'insatisfaction, la paresse, l'orgueil, la jalousie, la rancune, la vengeance, le mensonge et j'en passe...

<u>Les parents, trésors sacrés, sont les racines de nos vies, honorons-les chaque jour, car leur amour jamais ne tarit.</u>

En islam les parents ont une importance que l'on néglige. En soit on sait qu'on doit du respect à nos parents mais ce n'est pas pour autant que l'on met en pratique ce respect et Allah va en tenir compte au jour du jugement dernier car après la place qu'Allah tient dans nos vies, il y a nos parents. C'est très bien illustré dans les deux versets qui se suivent dans la sourate 17 verset 23 :

> "Et ton Seigneur a décrété : "N'adorez que Lui et faites preuve de bonté envers les père et mère si l'un d'eux ou tous deux doivent atteindre la vieillesse auprès de toi, alors ne leur dis point : « Fi !» et ne les brusque pas, mais adresse-leur des paroles respectueuses"

Il est très important de retenir dans ce verset le mot "Fi" en d'autres termes cela pourrait se référer au mot « souffler ».

On ne s'en rend pas compte mais quand nos parents nous demandent des choses simples, on souffle et cela est déjà considérer comme un énorme manque de respect qu'Allah tient compte.

Or Le serviteur ne cesse de commettre des péchés jusqu'à les minimiser, et les rendre insignifiants à ses yeux et dans son cœur, et cela est signe de perdition.

Plus un péché devient insignifiant aux yeux du serviteur, plus il devient grand aux yeux d'Allah.

On minimise les mauvaises actions que l'on peut avoir à leur égard mais qui sont énormes aux yeux d'Allah parce que on n'a pas assez connaissance de ce statut qu'on les pare ou encore parce que on ne craint pas assez les paroles d'Allah.

Il y a un savant qui a dit ceci :

> « Le bas monde est fait de trois jours : Hier est parti avec ce qu'il contenait. Quant à demain, il est possible que tu ne le voies pas. Et le jour présent est celui qui t'appartient, alors œuvre en lui. »

Nous les jeunes adultes, les étudiants on a tendance à trop voir dans le futur "je vais les rendre fière" et les petites actions qui pourraient les rendre heureux dans le présent immédiat même minime on les bâcle et ça devient du vite fait mal fait.

Parfois on a des points de vue différents sur des thème concernant la vie qui peut creuser l'écart entre nous et nos parents et donc on ne se confie plus à eux et donc on a presque cette impression de vivre avec des inconnus ou du moins des gens avec qui on a peu d'affinité.

C'est à ce moment-là qu'on se dit vraiment que l'on ne choisit pas ses parents or quand on repense à tout ce qu'ils nous ont donné, toutes les opportunités qu'ils nous ont créer et tous ce qu'ils sont prêts à sacrifier pour nous, les petits écarts de point de vue ou encore les disputes ne doivent pas être un obstacle à ce respect bien que cela pèse sur le cœur.

Il faut parfois retenir que leur manière de penser n'est pas la même que la nôtre car on a vécu différemment et dans un environnement différent et avec des fréquentations différent et surtout à une époque différente.

Peu importe à quel point on est âgé et quel point on a eu des expériences ; Ils en auront toujours plus.

Quand on est sur le point de commettre un excès de comportement on doit se rappeler de ce genre de verset :

> « … Sa mère l'a porté subissant pour lui peine sur peine : son sevrage a lieu à deux ans." Sois reconnaissant envers Moi ainsi qu'envers tes parents. Vers Moi est la destination. » Sourate 31 verset 14

Ou encore pensons à ce hadith du prophète Muhammad ﷺ :

« Ne repousse le destin que l'invocation et ne rajoute dans le terme de vie que le bon comportement avec les parents » (Rapporté par Al Hakim et authentifié par Cheikh Albani dans Sahih Targhib n°1638)

Ou encore tout simplement rappelons-nous de la mort, car la mort frappe tout le monde et cela peut arriver à n'importe quel moment seul Allah sait si on reverra les gens qu'on aime demain.

Le jour où je me suis personnellement rendu compte que la mort frappe à n'importe quel moment c'est quand j'ai voulu appeler ma tante que je considérais vraiment comme une deuxième mère mais il se faisait tard et ma rentrée scolaire de seconde se passerais le lendemain, je me suis donc dis que je l'appellerais demain. Je rentre du lycée après ma rentré et ce matin-là on m'annonce qu'elle est morte. Je n'étais pas du tout prête sachant qu'elle était quand même jeune.

Pensons aux orphelins et de l'opportunité qu'ils n'ont pas d'avoir des parents, le prophète Muhammad ﷺ aussi est devenu un orphelin vers 6 ans, quand il a visité la tombe de sa mère il a pleuré et a fait pleurer ceux qui étaient autour de lui.

Mais attention il faut tout de même souligner qu'il y a une balance dans ce que je dis : Il y a le droit des parents mais aussi le droit des enfants et certes il faut les respecter mais pas de d'obéissance envers une créature dans la désobéissance du créateur. Bébé, enfant, adolescent, Adultes sommes tous des créatures d'Allah.

Quand le Prophète Bénédiction et salut soient sur lui se mit à demander à Allah de pardonner à son oncle qui était un associateur Allah a descendu ce verset :

> « Il n'a appartient pas au Prophète et aux croyants d'implorer le pardon en faveur des associateurs, fussent-ils des parents alors qu'il leur est apparu clairement que ce sont les gens de l'Enfer » Sourate 9 verset 13

Pensons donc au prophète Ibrahim que la paix soit sur lui qui a eu à combattre comme pire ennemi de l'islam à son époque : Son propre père.

Imaginez la souffrance qu'il a eu quand il a été à son jeune âge attaché à une catapulte pour être propulsé dans un feu ardent et qu'il a vu son père approuvé et être spectateur de cela.

Pourtant Le prophète Ibrahim que la paix soit sur lui a montrer du respect du début à la fin en ayant foi en Allah تعالى mais aussi en ayant du respect malgré leur différent.

On le voit dans les versets de la sourate 19 ;

> « Ô mon père, pourquoi adores-tu ce qui n'entend ni ne voit, et ne te profite en rien ? Ô mon père, il m'est venu de la science ce que tu n'as pas reçu ; suis-moi, donc, je te guiderai sur une voie droite. Ô mon père, n'adore pas le Diable, car le Diable désobéit au Tout Miséricordieux. Ô mon père, je crains qu'un châtiment venant du Tout Miséricordieux ne te touche et que tu ne deviennes un allié du Diable ».

Il répondit « Ô Ibrahim, aurais-tu du dédain pour mes divinités ? Si tu ne cesses pas, certes je   te lapiderai, éloigne-toi de moi pour bien longtemps ».

> « Paix sur toi », dit Ibrahim. « J'implorerai mon Seigneur de te pardonner car Il m'a toujours comblé de Ses bienfaits. Je me sépare de vous, ainsi que de ce que vous invoquez, en dehors d'Allah, et j'invoquerai mon Seigneur. J'espère ne pas être malheureux dans mon appel à mon Seigneur » "

Ici le père était vraiment sérieux dans le fait qu'il allait tuer son fils, or pour Allah et sachant qu'il avait raison, le prophète Ibrahim que la paix soit sur lui, a simplement passer le Salam à son père et il est parti sans l'insulter ni rien.

Tous cela pour dire qu'il faut qu'on soit reconnaissant envers nos parents car être reconnaissant envers eux c'est être reconnaissant envers Allah. Le paradis se trouve à leur portée mais s'il y a des disputes tâchons d'agir comme Allah Le voudrait afin de ne pas récolter de regret mais sans pour autant leur obéir aveuglément.

A chaque prière n'oubliez pas cette puissante duaa tiré du Coran pour eux :

> « … Ô Seigneur, pardonne-moi ainsi qu'à mes parents, et fais-leur miséricorde à tous deux comme ils m'ont élevé lorsque j'étais petit. » Sourate 17 verset 24

La demande de pardon est la meilleure des invocations car elle ouvre beaucoup de porte dans cette vie ici-bas et dans la vie de l'au-delà !

<u>Méfie-toi de l'invisible, car les djinns imprévisibles pourraient semer la trouble invisible.</u>

Je vais parler de deux types de djinn en particulier qui sont plus ou moins différents : Les djinns à proprement parler et les Qarin.

Les djinns à proprement parler vivent dans un monde parallèle à nous : le monde de l'invisible.

On en sait beaucoup mais en même temps on en sait peu sur eux. Comment meurent-ils ? Où sont-ils enterrés ?

Je vais donc parler de ce que l'on sait à propos d'eux.

Il a été dit dans le Coran que les djinns ont été créer à partir d'un feu sans fumée. Ce qui nous laisse déjà savoir à peu près à quoi on à faire : Danger

Le feu ça brûle, ça fait mal, le feu nous rappelle l'enfer de plus un feu sans fumée = un feu qui n'avertit même pas de sa présence.

Les djinns peuvent être de sexe masculin tout comme féminin, ils ont des sentiment et Allah leur a laisser le libre arbitre comme nous les humains (Raison + Passion). A première vu ces djinns avec ce genre de caractéristique ressemblerait aux humains.

Mais contrairement à nous, ils ont le pouvoir de se métamorphoser en être humain ou en animal. Ils peuvent nous posséder, traverser les choses matériels et se déplacer à une vitesse infiniment rapide.

Citons par exemple l'histoire du prophète Souleyman que la paix soit sur lui, celui qui par la grâce d'Allah avait le contrôle sur les Djinns et les animaux.

Le prophète que la paix soit sur lui avait à faire à une invité d'honneur, la reine du Yémen. Le prophète demanda donc aux djinns qui étaient sous son commandement si l'un d'entre eux pouvait lui apporter le trône de la reine avant l'arrivée de celle-ci.

L'un d'eux déclara : « Je vais vous l'apporter avant la fin de cette séance »

Le prophète Sulaymân que la paix soit sur lui ne réagit pas à cette offre, il semblait attendre une meilleure proposition, un moyen plus rapide.

Les disciples de Sulaymân se mirent à rivaliser les uns les autres jusqu'à ce qu'un des Djinns déclara :

« Je vais le chercher pour vous en un clin d'œil ! »

A peine ce dernier, termina sa déclaration que le trône se tint devant le prophète Sulaymân que la paix soit sur lui.

On rappelle que le palais du prophète Sulayman était en Palestine et le trône très très lourd de la Reine était donc au Yémen, la distance était donc de plus de 3200 kilomètres. C'est incroyable.

Les djinns comme je vous l'ai dit sont toujours associés à des connotations mauvaises, on traduit souvent le terme « Djinns » en arabe par démon en français ce qui est plus ou moins le cas. En même temps il faut savoir que le Djinn non croyant sème désordre et chaos à l'intérieur même de notre être.

Il est dit que les djinns qui possède les être humain pour l'un de ces deux raisons :

- Par "amour"
- Par envie

Les symptômes qui montrent qu'il y a probablement un Djinns qui possèdent l'être humain sont les suivants :

- L'écoute du Coran commence à être désagréable

- La tendance à s'isoler mais un isolement non pas pour réfléchir à sa vie mais c'est un type d'isolement assez brusque et bizarre.
- Beaucoup de paralysie du sommeil
- Comportement assez singulier

Quand une personne ressent ce genre de symptôme il est important qu'il se soigne. Parce que la possession est une maladie et ne doit pas laisser une maladie sans traitement sous risque de la voir s'aggraver.

La plupart des musulmans vont chez des imams pour faire des Roqya. Mais attention en vrai le mal qui nous touche c'est Allah qui a décidé qu'il nous atteigne et malheureusement beaucoup vont chez des imams, ils payent la somme qu'il faut puis une fois la séance terminer ils ressentent encore les signe de possessions et ils se demandent pourquoi Allah ne fait rien. C'est justement parce que ce genre de personne a placé sa confiance de guérison en autre qu'Allah.

Les imams, l'eau du ZamZam, etc sont des outils pour soigner mais c'est Allah qui guérit. Donc si une personne doit voir un imam cette personne doit avoir en-tête que cet imam est simplement une aide et un accompagnement à sa guérison.

Puis surtout cette personne qui est atteinte par ce genre de djinns doit se remettre en question :

Est ce qu'il obéit à Allah correctement ? Est ce qu'il lit les sourates protectrices ? Est ce qu'il est assez proche du Coran ?

Parfois ce genre d'expérience est un bien caché qui nous rapproche d'Allah et nous remet vite sur le droit chemin afin de ne plus subir ce genre d'épreuve traumatisante.

Les médicaments spirituels sont aussi importants que les médicaments traditionnels.

Combien y a-t-il de maladie dit idiopathique (sans cause connu) qui surviennent subitement alors que tout allait pour le mieux ?

C'est pour cela que souvent les évènements qui suscite de la peur chez nous, nous rapproche d'Allah parce que c'est Allah Le réel Protecteur et le réel Guérisseur. Il est notre meilleur garant.

Il faut éviter de trop fréquenter leur lieu d'habitation : Par exemple les endroits vides, sal, isolés, non habités par les hommes comme les forêts, les point d'eau (lac) et aussi les toilette.

C'est pour cela que le prophète Muhammad ﷺ nous a enseigné une duaa quand on s'apprête à rentrer aux toilettes :

"Ô Seigneur ! Protège-moi des démons mâles et femelles »"

Mais attention il y a aussi des djinns croyants ! Tous ne sont pas des non croyant qui font du mal aux humains ! Il ne faut pas faire de généralité.

En effet Allah dit dans la sourate qui porte leur nom :

1 Dis : « Il m'a été révélé qu'un groupe de djinns prêtèrent l'oreille, puis dirent : « Nous avons certes entendu **une Lecture [le Coran] merveilleuse,**

2 qui guide vers la droiture. **Nous y avons cru**, et nous n'associerons jamais personne à notre Seigneur.

3 En vérité notre Seigneur -que Sa grandeur soit exaltée **-ne S'est donné ni compagne, ni enfant !**

4 Notre insensé [Iblis] **disait des extravagances** contre Allah.

5 Et nous pensions que ni les humains ni les djinns ne sauraient jamais proférer de mensonge contre Allah.

6 Or, il y avait parmi les humains, des mâles qui cherchaient protection auprès des mâles parmi les djinns mais cela ne fit qu'accroître leur détresse.

7 Et ils avaient pensé comme vous avez pensé qu'Allah ne ressusciterait jamais personne.

8 Nous avions frôlé le ciel et nous l'avions trouvé plein d'une forte garde et de bolides.

9 Nous y prenions place pour écouter. Mais quiconque prête l'oreille maintenant, trouve contre lui un bolide aux aguets.

10 Nous ne savons pas si on veut du mal aux habitants de la terre ou si leur Seigneur veut les mettre sur le droit chemin.

11 Il y a parmi nous des vertueux et [d'autres] qui le sont moins : nous étions divisés en différentes sectes.

12 Nous pensions bien que nous ne saurions jamais réduire Allah à l'impuissance sur la terre et que nous ne saurions jamais Le réduire à l'impuissance en nous enfuyant.

13 Et lorsque nous avons entendu le guide [le Coran], **nous y avons cru**, et quiconque croit en son Seigneur ne craint alors ni diminution de récompense ni oppression.

14 Il y a **parmi nous les Musulmans**, et il y en a les injustes [qui ont dévié]. Et ceux qui se **sont convertis à l'Islam** sont ceux qui ont cherché la droiture.

15 Et quant aux injustes, ils formeront le combustible de l'Enfer. »

Les hommes et les djinns n'ont été créer que pour adorer Allah, et les djinns qui ont écouté et cru au Coran sont croyant et donc ne font pas de mal aux autres car ils savent que cela est contraire à la religion.

Et maintenant parlons d'un autre type de djinns qui sont littéralement en nous : les Qarin.

En fait les Quarin sont des Djinns assez spéciaux parce que on peut s'en débarrasser, chaque humain a un djinn qui l'accompagne depuis qu'il est né, jusqu'au moment où il sera dans sa tombe puis après il s'en ira.

Ce Qarin est un peu comme une deuxième version de nous mais maléfiques. Il se trouve dans notre poitrine. Il nous connait, connait nos faiblesses, connait le genre de personne dans notre entourage qu'on est susceptible d'aimé etc.

Imaginez-vous un clone mais avec tous vos défauts et qui vit dans votre cœur.

Toutes ce qui peut nous faire commettre des péchés que ce soit par la parole, par colère ou par amour. Il va tous faire niveau stratagème pour nous faire dérailler.

Lisez ce hadith :

> D'après 'Abdallah Ibn Mas'oud (qu'Allah l'agrée), le Prophète (que la prière d'Allah et Son salut soient sur lui) a dit : « Il n'y a aucun d'entre vous qui n'ait pas avec lui un compagnon parmi les Djinns et un compagnon parmi les anges qui lui ont été attribués ».
> Ils ont dit : Même toi ô Messager d'Allah ?
> Le Prophète (que la prière d'Allah et Son salut soient sur lui) a dit : « Même moi sauf que Allah m'a aidé contre lui (*) et il est rentré dans l'Islam, il ne m'ordonne que le bien ».

C'est justement sur ce qu'Allah تعالى veut nous tester tous au long de notre vie : L'âme est incitatrice au péché mais on verra qui se laisse aller dans ses passions ou qui se contrôle face à ses passions.

Ce Quarin connait cette chose en nous, ce mal en nous qu'on refoule afin de ne pas le montrer au monde extérieur : Jalousie, la paresse, une fausse gentillesse, de la fausse empathie etc.

Selon un imam il y a 4 degrés niveau de spiritualité :

1. Qarin maitrisé : (Le degrés prophétique où le diable ne peut rien faire à par s'incliner face à cette force mental)

2. Qarin distant (Le diable est hors de nous et il nous tente avec des éléments extérieurs à nous-même)

3. Qarin séparé mais proche (En nous et on doit essayer de le maitriser constamment sans répit)

4. Qarin collé (Zéro maîtrise le diable est en train de gagner)

La différence entre hypocrite potentiel et hypocrite en acte réside dans ceci :

« Le fait qu'on dit d'une personne qu'elle est un « hypocrite potentiel » quand elle possède en elle une disposition à l'hypocrisie, en raison de sa nature siamoise démoniaque. Ainsi, si cette personne ne possède pas un minimum de piété, les circonstances malencontreuses telles que la colère, ou l'épreuve pourront faire de cette dernière un ennemi déclaré ! «

Donc il faut vraiment nous connaitre et travailler sur nous et savoir quels genres de personne autour est une faiblesse pour nous afin de s'en éloigner.

Personnellement je sais qu'il y a plein de chose que je n'aurais pas dû faire mais je les ai faites et après les avoir faites et réaliser les conséquences, j'étais abasourdi : Comment j'ai pu faire ça genre cela ? Comment j'ai pu avoir ce genre comportement ? Je me suis laissé simplement laisser contrôler par la mauvaise partie en moi.

Sachez que beaucoup de personne au jour du jugement vont accuser ce djinn de nous avoir égarer. Mais ce djinn va répondre à peu près la même chose que Sheytan c'est à dire : Qu'on avait le choix entre le suivre ou non et on a fait le mauvais choix.

<u>Le cœur qui sacrifie pour Allah, trouve paix et bonheur, en suivant la voie droite, il atteint le meilleur</u>

Le prophète Muhammad ﷺ a dit :

« Quiconque délaisse une chose pour Allah, Allah I 'a lui remplacera par quelque chose de meilleur. »

(rapporté par Ahmed, An-Nasâ'î et authentifié par Al-Albânî dans Ad-Da'îfah – 1/62.)

Le mot important à retenir pour ce thème est le mot : délaisser. On délaisser une chose soit parce qu'on en a envie ou parce qu'on y est contraint ou encore parce qu'il est préférable de délaisser tel chose pour avoir meilleur et ne pas trahir ses principes et valeurs.

Délaisser une chose pour Allah ici revient à délaisser une chose du bas monde ici-bas, afin de gagner la satisfaction d'Allah mais aussi par crainte d'Allah.

Délaisser quelque chose pour Allah c'est se soumettre à la volonté d'Allah soit la définition même du terme « musulman » = Soumission à Allah تعالى.

Mais se soumettre à la volonté d'Allah n'est pas toujours simple. C'est parfois une épreuve car quand on délaisse pour Allah, on abandonne les mauvais désirs de nôtre cœur et on formate notre cerveau à arrêter de se donner des excuses afin de ne pas freiner notre processus vers ce délaissement.

En vrai Allah nous laisse le choix donc si on décide de ne commettre que les interdit et de ne pas se soumettre aux obligations on court vers l'enfer.

Pourtant quand on délaisse une chose pour Allah تعالى par choix, Allah aurait pu s'il avait voulu ne pas nous récompenser parce que délaisser les choses interdites sont des obligations et Allah dit dans le
Coran :

« O les croyants ! Obéissez à Allah, et obéissez au Messager… » Sourate 4 verset 59

Ce verset est clairement un ordre.

Mais en exécutant les ordres d'Allah, Il remplace la chose qu'on a abandonné par quelque chose de meilleur au niveau matériel dans cette vie ici-bas, la difficulté de l'abandon de cette chose est facilitée et surtout il y aura la pleine rétribution après la mort.

Celui qui délaisse des péchés et des traits de comportement par amour pour Allah, il éprouvera un grand plaisir après certes un moment de gêne.

Plus la difficulté de délaisser un péché est élevé et plus notre cœur est apte de s'en séparer car c'est ce genre de gros péché qui fatigue notre cœur et il n'a qu'une vraie envie c'est de ne plus être le serviteur de ses désirs malsains. Nos péchés nous empêchent d'avoir une vraie connexion avec Allah.

Généralement quand on s'enfonce dans un interdit ça nous procure + de mal que de bien mais on continue parce que c'est plus facile de continuer que d'entamer le processus d'arrêt complet.

Allah à créer différentes tentations comme il a créé différents humains et donc on aura tous des différences au niveau de la facilité ou de la difficulté à délaisser un péché

Par exemple pour certains c'est dur d'arrêter de mentir et pour d'autre l'honnêteté a toujours été un principe de vie mais pour ces personnes honnêtes il se peut qu'ils soient très avare et ont du mal à partager ce qu'Allah leur a attribuer alors que pour les gens qui ont l'habitude de mentir au contraire la charité est une pratique qu'ils exercent au quotidien.

Ici ce genre d'exemple c'est tout simplement pour vous montrer qu'on a tous un type de péché qui nous attire plus qu'un autre. Cela ne revient donc à rien de se juger les uns les autres.

Mais ce qu'Allah va juger ce sont surtout les efforts qu'on a fait pour arrêter nos péchés "favori", la façon dont on l'implore Allah afin qu'il nous pardonne, Le regret en nous et la façon dont on tente de se repentir.

Il y a tellement de bienfait à délaisser pour Allah, c'est vraiment avec Lui que notre relation doit rester solide.

Parlons de l'histoire de la coiffeuse de la fille du pharaon : un des plus grands ennemis de l'islam.

Il a été dit que lors de son voyage nocturne que le prophète Muhammad ﷺ avait senti une belle odeur, il a donc demandé à l'ange Djibril d'où provenait cette odeur. L'ange Djibril lui répondit que cette odeur provenait de la coiffeuse de la fille du pharaon.

Lorsqu'elle était en train de coiffer la fille du pharaon, son peigne tomba de ses mains et elle prononça en voulant le ramasser "Bismil-Lah"

Et la fille dit : « Tu aurais donc un Seigneur, un dieu autre que mon père ? »

La coiffeuse a répondu : « Mon Seigneur et le Seigneur de ton père, c'est Allah. »

La fille du Pharaon raconta cela à son père ; Le pharaon a donc demandé à la coiffeuse d'abandonner sa religion sinon il allait tuer ses enfants.

Mais même en ayant entendu les menaces du pharaon elle refusait d'échanger sa foi en Allah pour un homme dont les décrets ne touchent que cette présente vie.

Le pharaon était extrêmement en colère donc il a chauffé de l'eau et de l'huile jusqu'à ébullition et il y a jeter les enfants de la coiffeuse un par un sous le regard d'une mère en détresse mais refusant de flancher.

Il ne lui restait plus dans ses bras qu'un nourrisson et Allah l'a fait parler pour la rassurer et ce nourrisson dit :

« O mère, patiente. Le châtiment de l'au-delà est bien plus terrible que le châtiment du bas monde, ne recule pas, tu es sur la vérité »

Puis après avoir entendu cela la coiffeuse dit au pharaon.

« J'ai une demande à te faire : Rassembles les os et enterres-les dans un même endroit. »

Il lui a dit : « je te l'accorde »

Puis il les jeta, elle et son nourrisson, dans l'eau et l'huile bouillantes.

Cette histoire est un magnifique exemple concernant le fait de délaisser tout ce que l'on a pour ne pas trahir Allah et Son Unicité. Ici elle n'a pas délaissé un péché mais elle a délaissé cette vie pour l'au-delà, elle n'a pas renié son Seigneur pour un tyran qui a 'heure d'aujourd'hui savons toutes et tous qu'il pourrira au fin fond de l'enfer.

Et en vrai à notre niveau nous aussi nous délaissons tous les jours pour Allah ;

- Au temps de prière on prie et on délaisse nos occupations pour adorer Allah
- Lors du Ramadan on jeune et on délaisse la nourriture et la boisson pour Allah
- Pour la prière du vendredi des hommes et des femmes délaisse leur occupation mondaine tel que le travail pour pouvoir prier

C'est ce genre de « sacrifice » qu'au fond on fait tous les jours, qu'Allah aime voir et que Sheytan déteste.

On doit savoir profiter de cette vie et saisir les opportunités d'atteindre le paradis. Tous effort, tout cheminement vers Allah en vaut la largement la peine.

Et si quelqu'un critique vos efforts dites-lui cela ; « Tu es tellement méchant que quand tu épluches un oignon, c'est l'oignon qui pleure » #humour

En vrai pensez à cela ;

> « Et Nous savons certes que ta poitrine se serre, à cause de ce qu'ils disent
>
> Glorifie donc Ton Seigneur par Sa louange et sois de ceux qui se prosternent
>
> Adore ton Seigneur jusqu'à ce que te vienne la certitude (la mort) » Sourate 15 verset 97-99

<u>*Le cœur qui pardonne, s'illumine et rayonne ; Le pardon en Islam, une vertu qui éclot, en purifiant nos cœurs, la paix y fait écho.*</u>

Qui est la personne qui vous a fait le plus de mal ?

J'ai réfléchi à cette question et en réalité il n'y a pas qu'une personne en particulier mais plusieurs personne en des temps différents et en des situations différentes.

Mon cerveau n'a pas oublié ce mal, cette situation qui l'a marqué mais mon cœur n'a ressenti aucune haine ni rancœurs alors que certaine de ces personnes ne m'ont même pas adressé une demande de pardon.

On ne peut pas et on ne doit jamais comparer le pardon qu'Allah accorde à ses serviteurs et le pardon que l'on offre à autrui.

C'est tout simplement impossible de comparer car Allah est celui qui pardonne tous les péchés, c'est Le Tout Miséricordieux et Le Très Miséricordieux. C'est notre créateur et on ne le répétera jamais assez mais iI nous connait mieux que nous même et il ne peut être choquer de l'action humaine.

De plus Allah تعالى après avoir pardonné, efface le péché de notre registre comme si rien ne s'était passé.

Mais qu'en est-il de nous ? On ne peut pas prévoir en avance les actions que la personne en face de nous peut nous faire et surtout après que cette personne nous a blessé il est dur d'oublier.

Et l'une des grosse pression qu'un musulman peut faire sur un autre musulman ou que l'on s'auto-inflige est celle-ci : Tu es obligé de pardonner.

Mais on est des humains et pardonner ça ne relève pas seulement de la simple volonté, les souvenirs sont un automatisme, il n'existe pas une machine qui efface la mémoire et le cœur ressent et il ressentira toute sorte de chose jusqu'à ce qu'il arrête de battre.

Donc non pardonner ce n'est pas obligation mais paradoxalement c'est une contrainte et un effort que l'on doit s'imposer afin d'obtenir une vie assez paisible mais aussi obtenir le paradis.

Car le pardon est la clé de la réussite, c'est quelque chose que l'on donne à autrui mais qu'on acquiert aussi pour soi !

Prenons l'exemple d'une personne qui vous ai cher mais qui refait la même erreur tout le temps et vous lui avez déjà dit et montrer que ce qu'elle faisait était un acte que vous détestiez.

On passe sur les erreurs de ce type de personne parce qu'on l'aime, ainsi on l'autorise en quelque sorte à recommencer cette action et finalement on accumule la douleur.

Ce genre de pardon ne mérite pas d'être accordé à autrui car cette personne ne regrette pas son acte et ne vous estime pas à sa juste valeur.

Il est dit dans le Coran :

> « Ne porte pas ta main enchaînée à ton cou [par avarice], et ne l'étend pas non plus trop largement, sinon tu te trouveras blâmé et chagriné » Sourate 17 verset 29

Ainsi il est tout de même important de s'estimer.

Il existe aussi différent type de pardon à autrui pour les personnes qui le mérite et qui le demande :

Le premier type de pardon est un pardon à autrui qui résume la phrase suivante « Je pardonne mais n'oublie pas » Ce pardon est assez mitigeant parce que ce cœur lui n'a pas oublier et il va réagir selon le carburant des émotions qui le domine par rapport à cette personne dans les moments futur.

Le deuxième type de pardon c'est : Pardonner sans vouloir se venger et ne plus rien avoir dans le cœur : Vous avez pardonner à autrui mais aussi pour vous-même, vous avez apprivoiser après un dur travail votre animosité, par une force de caractère mais aussi une force de foi, c'est la prise en conscience du poids que c'est de vivre avec un fardeau dans le cœur.

Le troisième type de pardon qui est vrmt incroyable c'est : Pardonner sans vouloir se venger, ne plus rien avoir dans le cœur et se comporter en plus de tous cela de la bonne manière comme si de rien était.

Le prophète Yusuf que la paix soit sur lui a été par jalousie et méchante jeté par ses frères de sang dans un puit alors qu'il n'était qu'un enfant. Ils lui ont arraché son enfance au côté de son père.

Les gens l'ont trouvé dans un puit et l'ont vendu en tant d'esclave en Egypte, de ce fait pendant de
très longue années il n'a pas revu les siens. Il a entre-temps subi épreuve sur épreuve et il même fait de la prison pendant 10 ans par injustice.

Mais Al hamdoulillah il s'en est sorti et il est devenu ministre de l'Économie en Egypte.

Ses frères endettés allèrent en Egypte pour demander de quoi manger car ils avaient des soucis d'argent et quand ils ont su que la personne à qui ils s'adressaient était leur petit frère qu'ils avaient abandonné pendant des années. Ces derniers lui ont demander de leur pardonner pour le crime atroce qu'ils ont commis envers le prophète Yusuf que la paix soit sur lui.

Le prophète que la paix et soit sur lui sans aucune rancœur ni animosité dit :

> « Point de récriminations contre vous aujourd'hui ! Que Dieu vous pardonne. **C'est Lui Le plus Miséricordieux des miséricordieux** » Sourate 12 verset 92

Ce prophète que la paix soit sur lui est un exemple de la force qu'il faut pour donner le pardon et aussi quel type de pardon il faut accorder au gens. Le niveau du pardon qu'il a attribué à ses frères est à un stade vraiment élevé.

Le prophète a lui-même invoquer Allah en leurs faveurs, c'est incroyable !

Cette histoire nous montre que pardonner c'est pour les autre mais surtout pour soi et pour ne et empêche d'affecter aussi notre relation avec Allah.

D'ailleurs quand on évoque le thème du pardon, cela me fait réfléchir à la grandeur d'Allah qui ne ressemble en vraiment rien à ce qu'il créer. Il est le Grand Pardonneur par excellence !

Le Prophète (que la prière d'Allah et Son salut soient sur lui) a dit :

« Allah a dit : O fils de Adam ! Tant que tu m'invoques et que tu as espoir en Moi je te pardonne ce qu'il y a en toi et rien et n'en tient pas compte. Fils de Adam ! Si tes péchés atteignent le niveau des cieux puis tu me demandes pardon je te pardonne et rien n'en tiens pas compte. Fils de Adam ! Certes si tu viens à moi avec l'équivalent de la terre remplie de péchés mais que tu me rencontres sans m'avoir rien associé alors je te rencontrerais avec autant de pardon » (Rapporté par Tirmidhi dans ses Sounan n°3540 et authentifié par Cheikh Albani dans sa correction de Sounan Tirmidhi)

Allah تعالى est Sublime !

__Dis-moi qui tu fréquentes, je te dirai qui tu deviens, en bonne compagnie, trouve la paix infinie, dans la mauvaise compagnie, se cache la voie de l'égarement infinie.__

Quand on voit quelque chose que l'on sait illicite, notre âme seul peut ne pas s'y approcher mais il y a cette porte qui se nomme la fréquentation qui peut tout changer.

Cette fréquentation peut être bénéfique comme destructrice.

Là, maintenant pensez à votre entourage et posez-vous cette question : Mon entourage est-il bénéfique pour ma vie ici-bas mais surtout pour celle de l'au-delà ?

Le prophète Muhammad ﷺ a lui-même dit :

> « L'homme est sur la religion de son ami proche ainsi que l'un d'entre vous regarde qui il prend comme ami proche » (Rapporté par Abou Daoud dans ses Sounan n°4833 et authentifié par Cheikh Albani dans sa correction de Sounan Abi Daoud)

Le hadith montre l'importance capital que joue nos proche dans notre ascension vers le paradis et le bon comportement ici-bas ou la descente en enfer et la perdition dans cette vie ici-bas.

Il existe l'ami qui vous aime en Allah et l'ami qui a comme propre divinité ses passions et ses envies.

Mais que veut dire : Aimer en Allah ?

Aimer en Allah c'est conseiller comme tu voudrais que l'autre te conseil, avec bienveillance et sincérité et l'envie de voir ton prochain auprès de toi au paradis. Cette personne te remet sur le droit chemin quand tu t'égares et couvre tes fautes. Cet ami t'ordonne le bien et t'interdit le blâmable même si cela peut faire mal à ton ego car cette personne ne veut pas que tu encoures la colère d'Allah.

Avec ce genre d'ami vous sentez que vous vous enjoignez mutuellement à la vérité et l'endurance, ainsi que la patience dans cette vie ici-bas. Il n'y aura que peu de divergence entre vous car vous suivez la religion de la droiture.

L'ami qui vous aime en Allah dès que vous l'apercevez-vous rappelle l'obéissance à Allah, lorsqu'il parle, il augmente l'amour que vous lui portez et quand il œuvre, il vous rappelle l'au-delà.

Ce genre d'amitié le prophète Muhammad ﷺ l'a décrit ainsi :

> « Le bon compagnon est comme un vendeur de parfums de celui-ci vous achèterez du musc ou profiterez de sa bonne odeur… » (Rapporté par Boukhari dans son Sahih n°5534 et Muslim dans son Sahih n°2628)

Alors que le deuxième type d'amitié où cet ami prétend vous aimez mais en réalité suit ses propres désirs et passion ce présente comme ceci :

C'est lourd et nuisible pour votre cœur et vous le ressentez bien que vous essayiez de le cacher. Ce genre d'ami va vous réconforter en vous poussant vers des plaisirs mondains qui ne va faire qu'accroître cette perdition.

Plus le temps passe plus vous sentez ce sentiment de solitude et d'hypocrisie qui va naître en vous car vous vous êtes habitué à être en sa compagnie.

Le prophète Muhammad ﷺ dit de ce genre d'ami ceci :

> « Celui-ci est comme un forgeron il vous brûlera ou vous fera endurer sa mauvaise odeur »

(Rapporté par Boukhari dans son Sahih n°5534 et Muslim dans son Sahih n°2628)

D'ailleurs Il est dit qu'au jour du jugement dernier cet ami qui ne vous a pas aimer comme il se devait deviendra un ennemi car sur terre il n'avait pas la notion de l'au-delà. Chacun va blâmer l'autre et considérer que son péché est dû à son compagnon ici-bas.

En réalité on peut dire oui mais la réponse peut être non car c'est vrai on s'influence les uns les autres. En outre la définition de l'amour sur Wikipédia est la suivante :

« L'amour désigne un sentiment d'affection et d'attachement envers un être qui pousse ceux qui le ressentent à adopter un comportement particulier »

Mais d'un autre côté cet ami n'est que l'amplificateur de ce que votre cœur avait déjà une intention refouler de faire de faire suggérer et refouler car vous aviez le choix de le suivre ou non dans sa mécréance. Votre cœur n'avait pas assez de force de principe pour délaisser.

Allah Le Très Haut dit dans le Coran

« Ce jour-là, l'injuste se mordra les mains et dira : « Ah! Si seulement j'avais suivi le droit chemin avec le messager (de Dieu) ! Hélas ! Si seulement je n'avais pas pris un tel pour ami ! Il m'a détourné du rappel après qu'il me soit parvenu » Sourate 25 verset 27-29

Comme on dit le diable déserte l'homme après l'avoir tenté.

On a beau être le plus fort, le plus respectueux, le plus honnête ; Si l'environnements autour est corrompu, notre cœur s'épuise par le poison qu'il incorpore petit à petit.

Imaginez votre foi sous la forme d'une flamme si vous êtes entouré d'eau peu importe la volonté que vous avez à rester flamme, si vous ne vous éloignez pas, cette eau va tout éteindre.

Vous voulez prier vous avez besoin de cette flamme, de même si vous voulez lire le Coran, de

Même si vous voulez aimer Allah correctement, de même si vous voulez vivre convenablement dans cette vie ici-bas et dans l'au-delà, de même si vous voulez l'apaisement dans votre cœur etc.

Mais comment faire tout cela si cette flamme s'éteint ?

La fréquentation peut corrompre la foi qui est la base de tous notre être, elle peut changer les types d'action que l'on a l'habitude de faire. Les fréquentations peuvent changer notre direction et donc notre destination.

Allah nous préserve des mauvaises fréquentations !

L'invocation est l'arme du croyant, le pilier de la religion et la lumière des cieux et de la terre.

La duaa est une action.

C'est le fait d'appeler et demander à Allah ce que l'on souhaite dans cette vie ici-bas et dans l'au-delà.

On pourrait traduire « duaa » par vœu ou invocation mais ce terme est beaucoup plus profond que cela : Il est spécifique au croyant.

La duaa est tellement importante en islam que le prophète Muhammad ﷺ a dit :

> « La différence entre celui qui invoque Allah et celui qui ne l'invoque pas, est semblable à la différence qu'il y a entre le vivant et le mort » [Sahih al-Bukhari 6407]

Contrairement à la prière qui est une obligation et un pilier de l'islam, la duaa quant à elle n'atteint pas le stade d'obligation mais elle le devient car on a besoin d'invoquer Allah car c'est lui le

Pourvoyeur. Invoquer nous rappelle tout l'étendue du pouvoir qu'Allah détient.

Quand on fait une duaa, on se rappelle les attributs d'Allah, on s'en remet à Lui car l'on sait que seul Lui peut nous faire arriver à l'endroit que l'on souhaite tant arriver.

On se soumet à lui et on se rappelle que c'est le Donateur, Celui qui Entend, Celui qui Voit, Celui qui est tout Proche de l'invocateur, Celui qui Guide, Celui qui Connait et plus encore.

Quand on fait une duaa on se souvient que c'est Allah qui est capable, l'humain fait donc face à sa propre impuissance.

Contrairement au humains, Allah Le Très Haut est celui qui peut tout contenir, c'est à dire qu'Il écoute sans rejeter de manière attentive du début à la fin.

Allah ne se moquera jamais de nos duaa peu importe à quel point la duaa pourrait paraître stupide à nos yeux et aux yeux des autres.

Allah est proche de son serviteur et c'est à travers les réponses à nos duaa que cela s'affirme.

« Et quand Mes serviteurs t'interrogent sur Moi… alors Je suis tout proche : Je réponds à l'appel de celui qui Me prie quand il Me prie. Qu'ils répondent à Mon appel, et qu'ils croient en Moi, afin qu'ils soient bien guidés » sourate 2 verste 186

Allah à créer les cieux et la terre tous ce qu'il y a entre : Comment notre cœur peut-il donc affirmer qu'Allah n'exaucera pas son souhait ?

Il existe 3 alternatives qui peuvent se présenter concernant l'exaucement d'un duaa :

-        Allah donne immédiatement

-        Allah va donner l'objet de l'invocation mais au bout d'un certain temps

-        Allah remplace l'objet de la duaa par quelque chose de bien meilleur : Allah nous préserve car il sait que dans l'objet de la demande il y a un mal et que cela est inadapté pour nous.

Parfois Allah تعالى nous donne pour que l'on voit de nos propres yeux que notre demande n'était vraiment pas faite pour nous. (Je parle en connaissance de cause). Comme on dit : Il faut certaine fois voir pour croire.

Il y a des règles à respecter quand on fait une invocation :

-       On doit faire preuve de patience et ne pas désespérer

-       On doit avoir la certitude qu'Allah nous répondra

Le prophète Muhammad ﷺ a dit « Votre **Seigneur est pudique** et généreux. Lorsque Son serviteur lève ses mains vers Lui, Il a honte de les laisser vides. » Rapporté par Ibn Mâjah.

-       Glorifier Allah avec Ses Noms et Attributs et se remémorer des bienfaits qu'il nous a déjà gratifier et donc Lui en remercier

-       Prier sur le prophète Muhammad ﷺ

-       Il est recommandé aussi de joindre ses mains et de les lever à la hauteur de l'épaule

-       Il ne faut pas dire « In Shaa Allah » quand on fait une duaa car cela veut dire « Si Allah le veut » et une personne qui invoque doit être ferme et insistant.

-       Faire une demande de pardon pour les péchés commis car ces péchés sont des voiles entre nous et notre Seigneur.

Par orgueil ou parce que on est trop triste on peut se refuser de demander de l'aide que ce soit à des gens ou même à Allah mais le prophète Muhammad ﷺ dit :

« Certes celui qui ne demande pas à Allah, Allah se met en colère contre lui » (Rapporté par Tirmidhi dans ses Sounan n°3373 et authentifié par Cheikh Albani dans sa correction de Sounan Tirmidhi)

Pour comprendre ce hadith prenons cet exemple : Vous voyez qu'une personne que vous connaissez avoir besoin d'aide mais tout le temps cette personne repousse votre aide ou tout simplement

Fait comme si tout allait pour le mieux puis a un moment donné cette personne se retrouve dans une galère inimaginable et quand vous apprenez cela le premier sentiment qui s'exprimerait serait surement la colère parce que vous aviez la capacité d'aider cette personne mais elle s'est entêtée à s'auto détruire.

Allah à la Capacité de nous faire sortir de nos problèmes de nous aider mais il faut Lui demander. Si Allah nous met dans une situation ou la seule option est de faire appel à Lui n'est pas un hasard car comment l'humain pourrait savoir qu'Allah est Celui qui donne si on avait déjà tout ce dont on avait besoin ? Comment pourrait ont avoir besoin de lui si tout était parfait dans nos vies ?

Les duaa sont une réelle connexion entre Allah تعالى et notre être.

Beaucoup ont peur d'invoquer Allah du fait de leur passé et ils attendent d'être irréprochables avant de demander de l'aide à Allah. Mais ce n'est absolument pas comme ça que cela marche ! Nous sommes des humains qui commettons des excès, on ne peut être parfait. On ne le répétera jamais assez mais le meilleur des humains est celui qui se repent ! Ne coupons pas le lien entre Allah et nous.

Un magnifique exemple que je pourrais donner serait l'histoire du prophète Yunus que la paix soit sur lui :

Le prophète Yunus que la paix soit sur lui était un prophète envoyé à un peuple mécréant. Le prophète Yunus que la paix soit sur lui avait pour objectif de les avertir et de les guider vers la religion d'Allah.

Mais le temps s'écoulait et aucune personne a répondu à son appel. En colère et par manque de patience il quitta son peuple sans la permission d'Allah et embarqua dans un bateau pour s'en aller loin d'eux.

Ce que le prophète que la paix soit sur lui, ne savait pas était qu'à peine avait-il embarqué dans le bateau que le peuple qu'il avait quitté avait remarqué que la météo était devenue sombre plus sombre et terrifiante. Ils ont donc cherché le prophète Yunus que la paix soit sur lui mais il était déjà parti. Ainsi saisissant enfin les dires du prophète, ils se sont immédiatement repentis et Allah et par Son immense Miséricorde Allah les a pardonné.

Quant au prophète Yunus que la paix soit sur lui, Il était sur un bateau avec quelque personne mais la météo en mer n'était pas à leur avantage. Le bateau ne pouvait pas supporter autant de personne. Il se devait jeter quelqu'un par-dessus bord sinon le bateau allait couler.

Ils décidèrent donc tous de faire un tirage au sort pour savoir qui allait être jeter en mer. Au premier tirage, le terrible sort est tombé sur le prophète Yunus que la paix soit sur lui mais personne ne voulait que cela tombe sur lui, ainsi un second tirage a été décidé et c'est encore tombé sur le prophète que la paix soit sur lui, ils procédèrent ainsi une troisième et dernière fois à un tirage et cela donnait encore le même résultat : Le prophète Yunus que la paix soit sur lui s'est résigné à accepter son destin et il s'est jeté par-dessus le bateau.

Allah a envoyé une baleine et celle-ci l'avala mais Allah avait ordonné à cette baleine de ne pas le digérer.

Le prophète Yunus que la paix soit sur lui pensait qu'il était mort mais remarqua qu'il pouvait encore bouger ces membres. En ayant conscience qu'il n'était pas mort il s'est vite prosterné devant Allah dans un endroit où vraiment personne ne s'était déjà prosterné avant.

Il avait pris conscience de son erreur et il dit

> « Nul n'est digne d'être adoré en dehors d'Allah ! Pureté à Toi ! J'ai été vraiment du nombre des injustes » Sourate 21 verset 87

Allah l'a exaucé, lui a donc pardonné, et L'a sauvé de son angoisse en ordonnant à la baleine de le rejeter sur une terre déserte et après avoir repris des force grâce à la nourriture qu'Allah lui a offerte, il est retourné auprès de son peuple et la surprise fut incroyable : Al hamdoulillah son peuple croyait en Allah et avait abandonné tous autre religion.

A ce moment-là, le prophète Yunus a vraiment été heureux.

Cette histoire nous montre qu'Allah vient toujours au secours de ses serviteurs malgré le fait qu'on commet des erreurs.

Quand on lit la duaa que le prophète Yunus que la paix et la bénédiction soit sur lui a faites on remarque qu'il ne demande pas quelque chose de précis mais il a quand même décider d'invoquer Allah et Allah a répondu de la meilleure des manières possibles.

Dans le Coran Allah Le Très Haut dit :

« Jonas était certes, du nombre des Messagers. Quand il s'enfuit vers le bateau comble. Il prit part au tirage au sort qui le désigna pour être jeté (à la mer). Le poisson l'avala alors qu'il était blâmable. S'il n'avait pas été parmi ceux qui glorifient Allah, il serait demeuré dans son ventre jusqu'au jour où l'on sera ressuscité. Nous le jetâmes sur la terre nue, indisposé qu'il était. Et Nous fîmes pousser au-dessus de lui un plant de courge, et l'envoyâmes ensuite (comme prophète) vers cent mille hommes ou plus. Ils crurent, et nous leur donnâmes jouissance de la vie pour un temps. » Sourate 37 verset 139-148

Ce qu'il faut retenir ici c'est que le prophète Yunus serait resté dans le ventre du poisson jusqu'au jour du jugement dernier s'il n'avait pas invoqué Allah !

C'est incroyable à quel point les duaa sont important ! Quand on fait une duaa on est parfois confus et on ne sait même plus quoi demander, mais sachez qu'Allah تعالى sait déjà ce que l'on veut formuler et Il l'exaucera, tant qu'il y a de la sincérité et une total soumission à Lui.

Pour ma part quand je n'arrive pas a formuler ce que je veux je prononce la duaa du prophète Musa que la paix soit sur lui

« Seigneur, j'ai grand besoin de toute grâce dont
Tu voudras bien me gratifier ! » Sourate 28 verset 24

C'est une magnifique invocation car peu importe ce qui m'arrive je sais que cela provient du Seigneur des monde et que cela sera un bien pour moi car c'est une duaa qui englobe tous mes rêves qui au fond je voudrais qu'ils se réalise.

On peut invoquer pour nous, pour nos proche et même pour les musulmans mort et encore vivant, passé présent futur.

Les duaa ont aucune limite et aucune frontière. Ce sont des marques de la foi en Allah !

Ce qui retiens l'attention ici c'est ce bout de phrase " ce qu'aucun cœur n'a jamais imaginé". On imagine avec notre cerveau alors pourquoi le cœur ?

Il se trouve que le paradis est la récompense qu'obtiendra nos cœur In Shaa Allah pour tous ce qu'elle a enduré comme peine comme tristesse, comme privation, c'est la récompense qu'obtiendras nos cœurs pour tous les désirs éphémères dont n'a donné libre court, c'est la récompense qu'obtiendras notre cœur qui ne s'est pas laissé abattre par cette vie mondaine et qui s'est battu dans le chemin d'Allah. C'est la récompense qu'obtiendra nos cœurs pour s'être retenu de relarguer toutes sa haine et sa colère.

Le paradis est une belle demeure et ce que je viens de dire est vraiment un euphémisme.

Lisez ce hadith :

D'après Abou Houreira (qu'Allah l'agrée), nous avons dit : Ô Messager d'Allah ! Parle nous du paradis, comment sont ses constructions ?

Le Prophète (que la prière d'Allah et Son salut soient sur lui) a répondu :

> « Des briques en or et des briques en argent, leur ciment est le musc, leurs petits cailloux sont des perles et des rubis, leurs sols est le safran. Celui qui pénètre dedans sera comblé de bienfait et ne sera touché par aucun mal, il sera éternel et ne mourra pas, son vêtement se n'usera pas et sa jeunesse perdurera ».

Le paradis possède 100 degrés et la distance entre chaque degré est de 100 ans, ceux qui sont en bas verront les gens au-dessus d'eux comme des étoiles au loin.

Le premier groupe d'hommes qui entreront au Paradis auront la splendeur de la pleine lune et ceux qui les suivront auront l'éclat de la plus brillante étoile du firmament.

Le paradis possède 8 portes :
- Première porte : Celle de la prière
- Deuxième porte Celle de l'aumône

- Troisième porte : Pour ceux qui ont combattu dans le sentier d'Allah
- Quatrième porte : Celle du jeune
- Cinquième porte : Pour ceux qui savent contenir leur colère (dans un hadith le prophète Muhammad ﷺ a dit « ne t'énerve pas et tu auras le paradis »
- Sixième porte : Celle du repentir
- Septième porte : Pour ceux qui invoque bcp Allah
- Huitième porte : Celle du pèlerinage

Chacun entrera par la porte qui lui a été assigné.

Aussi concernant les prophètes ils habiteront au niveau de la partie la plus élevée du Paradis qui est aussi surnommé le cœur du paradis : Al-Firdaws.

Beaucoup croit qu'il n'y aura que les prophètes pour pouvoir profiter de ce haut rang mais un hadith invite a penser le contraire :

D'après Mou'adh Ibn Jabal (qu'Allah l'agrée), le Prophète (que la prière d'Allah et Son salut soient sur lui) a dit :

« Ainsi, si vous demandez le Paradis à Allah, demandez-Lui le Firdaws » (Rapporté par Tirmidhi dans ses Sounan n°2530 et authentifié par Cheikh Albani dans sa correction de Sounan Tirmidhi)

Maintenant parlons des spécificités des gens du paradis :

Les gens du paradis (In Shaa Allah nous y serons), ne ressentiront ni peur, ni angoisse c'est-à-dire plus d'émotions négatives et plus de défaut. Imaginez vos pires faiblesses tant au niveau caractère que physique hors de vous : C'est tout simplement magnifique.

Les gens du paradis ne ressentiront plus jamais une once de difficulté, un pied là-bas et tu ne te souviens plus de 80 ans de soucis que tu as eu ici-bas.

Il n'y aura plus de mauvais comportement, ni d'animosité entre personne. Un amour mutuel va régner. On n'aura ni jamais trop chaud ni jamais trop froid, on sera paré de bracelet d'or, de vêtement en soie et accoudé sur des divans bien orné.

On n'éprouvera ni faim ni soif et on mangera juste pour le plaisir de gouter aux fruits et aux plats inépuisables et accessibles pour toujours.

Il est dit que les gens du paradis auront 33 ans, auront la taille du prophète Adam que la paix soit sur lui qui est de 60 coudées environ 26 mètres = équivalent de 10 étages. Les gens du paradis auront la beauté du prophète Yusuf que la paix soit sur lui dont Allah à attribuer la moitié de la beauté humaine.

Donc 50% de la beauté humaine a été attribué au prophète Yusuf que la paix soit sur lui et le reste a été aux humains restants. Voilà pourquoi dans le Coran dans la sourate qui porte son nom il est mentionné que les femmes lorsqu'elles l'ont vu, elles se sont coupé les mains en pensant qu'elles coupaient les aliments qui leur avaient été donnés par leur hôte tellement elles ont été émerveillées par la beauté du prophète que la paix soit sur lui.

Pour terminer il existe 4 rivières au paradis et 1 fleuve dédié au prophète Muhammad ﷺ

- La rivière au vin (selon les savants le vin du paradis ne provoquera aucun désagrément pour les croyants)
- La rivière de miel
- La rivière de lait
- La rivière d'eau

Et enfin concernant le fleuve dédié au prophète Muhammad ﷺ, il se nomme Kawthar comme la plus petite sourate du Coran qui comporte 3 versets.

Il est important de savoir le contexte de pourquoi il y a un fleuve dédié au prophète Muhammad que la paix et la bénédiction d'Allah soit sur lui :

Sourate Al-Kawthar fut son apparition quand le Prophète (bénédiction et salut soient sur lui) et sa femme Khadija venaient de perdre leur fils Abdoullah. Les ennemis de l'Islâm se sont moqués du prophete Muhammad ﷺ qui n'avait pas de descendance masculine.

Lorsque les gens évoquaient le nom du Messager d'Allah, un homme s'écriait : "Laissez-le ! C'est un homme dépourvu de postérité (dépourvu de descendance masculine un « abtar »)

Il disait « Quand il mourra, personne ne perpétuera son nom, et vous en serez débarrassés »

Ce fut donc dans ces circonstances qu'Allah fit descendre par miséricorde la sourate « Al-Kawthar » :

1 Nous t'avons certes, accordé l'Abondance.
2 Accomplis la Salat pour ton Seigneur et sacrifie.
3 Celui qui te hait sera certes, sans postérité.

Imaginez-vous une seconde à la place du prophète Muhammad ﷺ, imaginez la souffrance émotionnelle qu'il a dû ressentir à
ce moment-là et ce n'est qu'un petit pourcentage de ce que le prophète Muhammad ﷺ a subi tout au long de sa vie

Allah lui a donc promis ce fleuve au paradis pour réconforter
son cœur.

Voilà pourquoi Le paradis n'est pas une récompense que l'on
peut imaginer avec le cerveau mais une récompense que notre
cœur aspire et qui le réchauffe en sachant que cette vie qui alterne
bonheur et souffrance est destiné à disparaitre pour laisser place à
un havre de pai et de sérénité absolu.

Le jugement est certes long mais le verdict est éternel et si ce
verdict c'est le Paradis on aura décidément tout gagné.

Chaque prophète a été envoyé avec une mission et un message ; connaître leurs histoires, c'est comprendre les divers aspects de la guidance divine.

On va parler du prophète Yahya que la paix soit sur lui, qui est une histoire que je viens d'étudier et qui a touché mon cœur. Cette histoire m'a fait comprendre qu'il faut que l'on étudie en profondeur l'histoire de tous les prophètes car ils ont tous une histoire touchante.

L'histoire du prophète Yahya est un parfait exemple, d'histoire que les personnes étudient peu souvent sous prétexte que c'est un prophète peu cité dans la Coran ou encore parce que ce ne sont pas des prophète messager.

Prophète messager = Prophète pour lequel une nouvelle révélation lui a été faites (Coran, Evangile, Thora, Feuillets d'Abraham, Zabur). Les messagers apportent souvent des changements ou des renouvellements significatifs dans la pratique religieuse.

Prophète non-messager : Son rôle est d'affirmer et de continuer les enseignements des messagers précédents, guidant son peuple en conformité avec la loi divine déjà établie

Mais si ces prophètes non-messager ont été cités ne serait-ce qu'une fois dans le Coran qui est la parole d'Allah que des milliards et des milliards de personnes ont lu et lisent encore, c'est qu'Allah تعالى a une grande estime pour eux et on se doit de connaître leur histoire.

Donc on y va :

Avant de parler du prophète Yahya que la paix soit sur lui, il faut parler de la famille d'Imran.

La famille d'Imran (aussi le nom d'une sourate du Coran) est une famille qu'Allah a bénie car elle était composée de personne avec une très belle foi en Allah. Les gens a retenir principalement dans cette famille sont : Le prophète Zacharia que la paix soit sur lui, Maryam qu'Allah l'agrée, le prophète Yahya que la paix soit sur lui et bien évidemment le prophète Issa que la paix soit sur lui (Jésus).

A l'époque avant la naissance du prophète Yahya que la paix soit sur lui et du prophète Issa que la paix soit sur lui, il y avait Le prophète Zacharia que la paix soit sur lui et Mariam qu'Allah l'agrée. Ils vivaient en terre de Palestine avec les enfants d'Israël et on peut dire que ça a été une époque très très compliquée au niveau de la foi en Allah car la plupart des Israéliens détestait ce qui croyait en Allah, ils martyrisaient ce qui suivaient la Thora descendu au prophète Musa que la paix soit sur lui, malgré les multiples avertissements du prophète Zacharia que la paix soit sur lui.

Limites si cette famille n'était pas la seule à croire et suivre les règles qu'Allah a prescrite dans la Thora car à cette époque l'Évangile et le Coran n'ont pas été encore révélé.

Le temps est passé et le prophète Zacharia que la paix soit sur lui est devenu vieux et fatigué est tout de même rester le tuteur de Maryam qu'Allah l'agrée car même si ce n'était pas son enfant, il voyait en elle une femme incroyablement pieuse.

Chaque fois que le prophète venait dans sa chambre, il voyait des provisions qui venait de nulle part (des fruits d'hiver en été et des fruits d'été en hiver). Puis bien qu'il soit un prophète il ne comprenait d'où venait ces fruits.

Donc un jour il lui demanda comme cela se faisait qu'elle trouvait toujours comme nourriture des fruits hors saison.

Maryam qu'Allah l'agrée lui dit :

« …Cela me viens de Dieu, Il donne sans compter à qui il veut. » Sourate 3 verset 37

Le prophète Zacharia que la paix soit sur lui, remarquant à quel point, elle était soumise à Allah ainsi que s confiance en Lui, lui a rappeler qu'Allah était celui qui entend, répond aux invocations et donne sans limite à ces serviteurs les plus pieux car Allah ne connait pas les limites de ce bas monde.

Le prophète Zacharia que la paix soit sur lui, décida alors d'aller au sanctuaire, prier Allah en total confiance, qu'il lui accorde un enfant malgré sa vieillesse et bien que sa femme soit tous aussi âgée et stérile.

1. Kaf, Ha, Ya, Ain, Sad.

2. C'est un récit de la miséricorde de ton Seigneur envers Son serviteur Zacharie.

3. Lorsqu'il invoqua son Seigneur d'une invocation secrète,

4. et dit : ‹ Ô mon Seigneur, mes os sont affaiblis et ma tête s'est enflammée de cheveux blancs. [Cependant], je n'ai jamais été malheureux [déçu] en te priant, ô mon Seigneur.

5. Je crains [le comportement] de mes héritiers, après mois. Et ma propre femme est stérile. Accorde-moi, de Ta part, un descendant

6. qui hérite de moi et hérite de la famille de Jacob. Et fais qu'il te soit agréable, ô mon Seigneur ›.

7. "Ô Zacharie, Nous t'annonçons la bonne nouvelle d'un fils. Son nom sera Yahya [Jean]. Nous ne lui avons pas donné auparavant d'homonyme".

8. Et [Zacharie dit] : "Ô mon Seigneur, comment aurai-je un fils, quand ma femme est stérile et que je suis très avancé en vieillesse ?"

9. [Allah] lui dit : "Ainsi sera-t-il ! Ton Seigneur a dit : "Ceci m'est facile. Et avant cela, Je t'ai créé alors que tu n'étais rien". Sourate Maryam verset 1-9

Allah répondit à son invocation car il est le seigneur qui exauce celui ou celle qui Le prie.

« Alors, les anges l'appelèrent pendant que, debout, il priait dans le sanctuaire : "Voilà que Dieu t'annonce la naissance de Yahya (Jean), confirmateur d'une parole de Dieu. Il sera un chef, un chaste, un Prophète et du nombre des gens de bien. » Sourate Imran verset 39

Le prophète Yahya que la paix soit sur lui fut un miracle pour ses parents d'une part parce que c'est tellement improbable d'avoir un enfant à un âge très avancé et d'autre part l'enfant a été nommé prophète.

Il est dit que le prophète Yahya que la paix soit sur lui, dès son jeune âge évoquait Allah de manière abondante, c'était un être aimé par le peuple, un exemple que beaucoup suivait car il était humble, juste, honnête et doué d'un esprit simple. A chaque fois qu'il y avait des doutes sur des sujets, ou des thèmes de dispute les gens venait le voir.

Il était clément avec tous les monde et n'oubliait pas de jouer son rôle de prophète c'est-à-dire avertir et inviter les gens à se conformer aux règles d'Allah.

Le prophète Yahya que la paix soit sur lui est surtout connu pour être un prophète qui pleurait beaucoup par crainte et amour puissant envers Allah.

Durant son époque gouvernait en Palestine un roi et ce roi avait une très grande estime envers le prophète Yahya que la paix soit sur lui.

Donc avant d'entreprendre son mariage avec une jeune femme et pour obtenir certains conseils, il décida de consulter le prophète Yahya que la paix soit sur lui.

Or lorsqu'il eut sa conversation avec le prophète Yahya que la paix soit sur lui, il lui donne comme information qu'il veut épouser sa nièce et dans la religion musulmane il est interdit de marier sa nièce. Donc logiquement le prophète Yahya que la paix soit sur lui s'opposa à ce mariage contraire aux lois islamique et l'invite à se repentir à Allah.

La nièce du roi ayant entendu cette réponse fût extrêmement fâchée et en colère envers le prophète Yahya que la paix soit sur lui.

La femme sous l'impulsion de sa mauvaise âme voulût se venger du prophète que la paix soit sur lui. Alors qu'elle était en compagnie du roi dans une situation où il ne pouvait rien refuser, la femme exigea de lui qu'il lui fasse don de la tête du prophète Yahya que la paix soit sur lui.

Le roi ordonna donc l'exécution du prophète que la paix soit sur lui. Le prophète fut donc décapité par injustice simplement parce qu'il est resté fidèle et conforme aux lois divines. Notre prophète Yahya est donc considéré comme un martyr.

C'est une histoire qui m'a extrêmement touché et que je devais raconter car elle me rappelle à quel point il faut rester fort et solide à notre foi et notre conviction envers Allah même face aux autorités puissantes de ce bas monde. Cette histoire démontre qu'il faut rester fidèle à Allah peu importe qui on déplait sur cette terre ici-bas. Car finalement comme l'a dit le prophète Musa que la paix soit sur lui au pharaon ;

« … Décrète donc ce que tu as à décréter. Tes décrets **ne touchent que cette présente vie** »   Sourate 20 verset 72

Notre vie est loin de s'arrêter à notre mort ainsi il faut toujours garder à l'esprit de plaire et satisfaire Allah car c'est bien Lui qui est au contrôle de tout.

<u>Dans le livre du destin, ce qui est destiné à arriver, arrivera quoi que tu fasses pour l'éviter, chaque chapitre est scellé certes mais notre attitude peut en changer la lecture</u>

Avant de parler de la nuit de la destinée ; Laylatul qadr, il faut savoir et comprendre ce qu'est la destinée.

Quiconque ne croit pas en la destinée n'a pas une réelle foi en Allah, car la destinée et un des piliers de la foi en Allah.

Mais est ce que tous les musulmans croient en la même définition de la destinée ?

Selon moi pour comprendre le destin il faut parler de la connaissance qu'a Allah sur l'univers tout entier et faire le lien avec le libre arbitre qui ne se dissocie pas du fait que tout est destiné.

Le destin est synonyme de décret c'est à dire d'une décision qui n'émane pas de nous, qui émane d'une volonté supérieure ; On ne choisit pas nos parents, on ne choisit pas nos frères et sœur, on ne choisit pas la couleur de nos yeux, de nos cheveux, de notre peau etc.

Ces choses-là c'est Allah qui les a décidés pour nous, ce sont des choses où nous n'avons pas eu le choix.

Dans un hadith il est rapporté que le prophète Muhammad ﷺ a dit

> « Observe les commandements d'Allah et Il te préservera. Observe les commandements d'Allah et tu le trouveras à tes côtés. Quand tu demandes quelque chose, demande-la à Allah. Quand tu as besoin d'aide, demande-la à Allah. Sache que si tout le monde s'associait pour te faire du bien, ils ne pourront te faire que le bien qu'Allah a déjà écrit pour toi. Et sache que s'ils se rassemblaient tous pour te faire du mal, ils ne pourraient te faire que le mal qu'Allah a déjà écrit pour toi. **Les plumes ont été levées et l'encre a séché** » (Al-Tirmidhi)

Donc tous ce qui nous ai arrivé, tous ce qui nous arrive et tous ce qui arrivera est sous la connaissance parfaite d'Allah et sous la dépendance d'Allah.

Ainsi on devrait sentir notre cœur s'apaiser en sachant cela car on ne dépend on ne dépend pas de nous-même, on dépend d'Allah et tout événement qui nous atteint ou non provient de Lui.

Mais maintenant c'est là que les questions commencent :

C'est Allah qui décide de mes actes ou est-ce que c'est moi qui décide ?

Finalement est ce que quoique je fasse je suis destiné à aller en Enfer ?

C'est Allah qui a décidé que j'allais faire tel ou tel action ?

Pourquoi prier la nuit du destin si le destin est fixé ?

Je vais donc vous montrer un hadith et explicitez un exemple que je semble intéressant afin de vous faire comprendre

Hadith :

« Il n'est pas une personne parmi vous sans que n'a déjà été écrite sa place dans le Feu, ou sa place dans le Paradis.

- Messager de Dieu, ne devrions-nous pas nous en remettre à ce qui a été écrit à notre sujet, et délaisser le fait d'agir ?

- Agissez ! Car chacun sera facilité de faire ce pour quoi il a été créé. Quant à celui qui fait partie des gens de la chance [= la

réussite, par l'admission au Paradis], il lui sera facilité de faire les actions des gens de la chance. Et quant à celui qui fait partie des gens de la malchance [= l'échec, par l'admission au Feu], il lui sera facilité de faire les actions des gens de la malchance. (...) » Rapporté par Al-Bukhârî et Muslim.

Et un bon pour un exemple :

Prenons un dessin animé que vous avez déjà regarder et aujourd'hui un de ces épisode passe sur la chaine et vous décidez de rester le regarder à nouveau.

Dans cet épisode, vous saviez ce que chaque personnage allait faire ou dire, quelles erreurs ils vont faire etc. Mais même si vous criez à en casser les vitres de la fenêtre de votre salon pour essayer de prévenir les personnages de ne pas faire cela. Est-ce que ça va changer les choses ? Non.

Les personnages ont fait un choix et vous connaissiez simplement déjà ce choix.

Allah est Celui de dont rien ne peut se cacher, car Il connait tout et Est conscient de tout.

Allah nous connait, Il nous connait mieux que nous même et donc Il sait déjà toutes les décisions qu'on est susceptible de prendre et toutes les décisions qu'on est susceptible de ne pas prendre.

Nous avons bien le libre arbitre c'est à dire choisir entre de multiple option qui s'offre à nous.

Chaque fois qu'on est confronté à une situation qui impose le choix, notre libre arbitre se réveille et il nous est inscrit une bonne ou une mauvaise action si ce choix se fait entre le bien ou mal.

Allah a mis sur notre chemin la tentation du mal et si on n'avait pas ce libre arbitre qui nous permet de choisir d'éviter d'aller vers le mauvais chemin, cela voudrait dire qu'on n'a pas de raison. Donc on serait assimilable à des marionnettes contrôlées par Allah et donc que c'est Allah qui décidera qu'on fasse ce mal et donc que le mal est agréer par Allah et que donc chaque voleur pourrait sortir comme excuse ; Ce n'est pas ma faute c'est celle d'Allah ?

Il n'y a aucun sens à penser comme ça, c'est trop facile de penser comme ça. Il y a des choses qui certes nous ai imposé mais il y a des choses ou nous savons très bien que c'est notre faute.

Dans le Coran il est écrit :

> « Allah ne change pas la situation d'un peuple
> avant qu'ils ne changent ce qu'il y a en eux-mêmes »
> Sourate Ar-Ra'd verset 11

Ce verset témoigne de la volonté que possède l'être humain.

Avec mes explications j'espère que j'ai pu consolider et éclairer votre opinion sur le destin.

Passons donc à la vraie question : Pourquoi prier la nuit du destin si le destin est déjà fixé ?

Comme je vous l'ai dit, en tant qu'humain il y a des choses qu'on ne contrôle pas et on ne sait pas de quoi et fait notre demain.

On ne sait pas quel type d'épreuve nous allons endurer dans le futur ni quel type de jouissance vont apparaitre dans nos vies etc.

On sait juste que l'on va mourir mais on ne sait pas quand ni comment.

Il y a un ḥadith du prophète Muhammad ﷺ qui dit que les duaa repoussent le destin et beaucoup d'interprétation tourne autour de ce hadith

Mais lisez ce verset du Coran :

> « Allah efface ou confirme ce qu'il veut en l'Ecriture primordiale est auprès de Lui » Sourate 13 verset 39

Ce verset est assez clair : Nous nous devons d'invoquer en ayant espoir qu'Allah nous exaucera et que nos souhaits fassent parti de notre destin.

Cette nuit du destin qui se trouve dans les 10 dernière nuit de ramadan n'est pas à négliger. Elle est meilleure que mille nuit (soit environ 83 ans d'adoration), cette nuit est présente dans le meilleure des mois : Ramada et durant cette nuit a été descendu le meilleure des livres ; Le Coran, au meilleurs des Hommes : Le prophète Muhammad ﷺ, et durant cette nuit descend chaque année le meilleure des anges : Djibril.

Durant cette nuit Allah peut effacer tous nos péchés antérieurs, cette nuit détermine notre destin pour l'an prochain, cette nuit nos duaa ont une probabilité incroyable d'être exaucé.

Cette nuit se trouve dans les 10 dernier jour du mois de ramadan. La dernière ligne droite du
Ramadan.

Notre destin est certes fixé mais inévitablement, on souhaite et
il faut continuer à souhaiter, à œuvrer et a adorer correctement afin
qu'on retrouve dans notre destin ce que l'on a voulu pour nous
même.

Plonge dans le Coran comme dans un océan, et tu en ressors avec des trésors inestimables. C'est le miroir dans lequel l'humanité peut voir la sagesse d'Allah

On va parler du Coran ou Al Quran en arabe !

Je vais vous parler sincèrement : Au départ je ne comprenais pas pourquoi on considérait le Coran comme un miracle et pourquoi il devait avoir une place importante dans ma vie.

Pourtant je savais que c'était le livre d'Allah et je savais qu'il fallait le lire régulièrement mais je ne comprenais toujours pas.

Puis qu'Allah me pardonne je me disais qu'Allah avait ouvert la mer au prophète Musa que la paix soit sur lui, qu'Allah avait fait en sort que la baleine ne digère pas le prophète Yunus que la paix soit sur lui et pourtant au prophète Muhammad ﷺ, Allah lui a donné un livre Le Coran et en tant que musulman on est censé accepter que ce livre dépasse tous les autres miracles.

Mais que je le veuille ou non Le Coran m'a trouvé, il fait partie de ma vie de tous les jours car quand les personnes me voient ils comprennent très vite de quelle confession je suis et donc forcément je dis on me rattache au Coran, quand je prie je lis des versets du Coran, quand je faisais des bêtises mes parents me faisait la morale en citant des versets du Coran, ou encore quand j'étais triste on me conseillais d'aller lire du Coran. Ce Noble livre me suivait partout.

Comment un livre pouvait m'aider, face au problème de la vie ? me questionnais-je, Une vie que je vivais aléatoirement, qui était si imprévisible.

Maintenant que je repense à tout cela, que je repense au fait que j'ai osé me poser cette question je me sens tellement stupide.

Comment ai-je pu juger Le Coran sans apprendre à le connaitre ? Lui qui est dès à présent mon ami ! J'ai si honte, vraiment honte.

Al Quran est un livre unique, tellement unique que même si tous les hommes et les djinns s'unissaient pour produire un livre semblable à au Coran, cela n'aboutirait à rien.

Al Quran n'est pas qu'un livre de règle qui se résume à ce qui est halal ou haram, il ne se résume pas aux histoires des peuples passé qui ont encouru la colère de Allah. Ce n'est pas qu'un livre qui confirme les autres livres venus avant lui.

Le Coran est une guérison et une miséricorde pour les croyants, il guérit notre âme, il apaise nos craintes, il confirme qu'on est sur le droit chemin. Il nous renseigne sur la nature des hommes et sur le but de l'homme sur terre.

Comme je vous l'ai dit Allah nous connait mieux que nous même et tout ce qui est dans Al Quran est fait pour être raconté à la communauté du prophète Muhammad ﷺ, Allah nous parle à travers ce livre, il nous rassure et nous met en garde contre les épreuves de la vie. C'est un guide de vie écrit par Celui qui a créé la vie.

Etant donné que mon cerveau transforme tout en argent imaginer juste lire un livre lambda et pour chaque lettre lu vous obtenez 10 euros.

Pour Al Quran --> Une lettre lue = 10 bonne action, 10 chances de + d'accéder au paradis et de voir sa balance pencher vers les bonnes actions, car comme l'a dit le prophète Muhammad ﷺ :

> « Celui qui lit une lettre du livre d'Allah a pour cela une bonne action et la bonne action compte 10 fois. Je ne dis pas que Alif Lam Mim est une lettre mais Alif est une lettre, Lam est une lettre et Mim est une lettre » (Rapporté par Tirmidhi dans ses Sounan n°2910 qui l'a authentifié et il a également

été authentifié par Cheikh Albani dans sa correction de Sounan Tirmidhi)

Al Quran, est un ami sincère, et c'est un ami qui veut nous connaître, qui veut aussi avoir du temps en notre compagnie, et qui est prêt à intercéder pour nous au jour du jugement dernier mais il faut que l'on fasse un pas vers lui, même si ce pas est minime.

Al Quran c'est un ami qui nous connecte cette vie ici-bas à la vie de l'au-delà. On dit souvent que l'amour que l'on porte envers quelqu'un nous fait adopter un comportement particulier.

Il fut un temps où j'accordais beaucoup d'amour à la musique et je jure que quand j'en écoutais j'étais très triste ou bien très heureuse ou tout simplement je me comportais comme le rythme qu'imposait la musique. La musique déterminait l'ambiance de ma journée…

Alors qu'en remplaçant petit à petit la musique par le Coran j'ai commencé à acquérir un savoir-faire au niveau de la vie sans effort et je me comportais petit à petit comme le Coran me dictais de faire face à Allah تعالى, face au gens, face aux épreuves de la vie en général.

Al Quran m'a influencé à changer ma vision des chose et la façon dont je prenais trop a cœur des chose qui n'en valait pas la peine.

Al Quran éduque notre âme qui est souvent initiée vers le mal, la rancœur, la rancune, la fénéantise etc.

Al Quran c'est un ami que vous allez découvrir petit à petit, le prophète Mohammad ﷺ, à lui-même reçu Al Quran de manière fragmentée et pas tout d'un coup.

Faites cet effort de lire au moins 10 versets ou non 5 ou encore non 2 versets par jour, juste faites que cet effort soit constant et s'ancre en nous. Que ce soit dans le bus, dans le train après une prière, ou avant de dormir, invitez le Coran dans votre vie, ressentez ce Quran qui a été descendu comme miracle pour nous.

N'oubliez pas que tous ce qu'on fait, on le fait pour nous même, Allah n'a pas besoin de nous

Mais il y a une subtilité dans tous cela : Allah se passe de toutes chose car il nous aime d'un amour
Simple. Il nous donne de son amour sans en avoir besoin en retour. La reconnaissance que l'on donne à Allah est pour nous même. Allah nous aime d'un amour dont on n'est pas capable d'exprimer a un être humain car quand on aime on s'attend à ce que

l'autre fasse quelque chose en retour, parce qu'on a besoin de ça, notre cœur en a besoin.

Si vous vous renseignez bien vous saurez que chaque sourate du Coran comporte différents bienfaits. Comme la sourate Al Mulk qui protège du châtiment de la tombe si elle est lue quotidiennement.

Dernière chose ; En ayant vos abutions, ouvrez le Coran et en ayant les yeux fermés, posez votre doigt à l'endroit où votre cœur vous dit de le poser. La sourate sur laquelle vous êtes tombé ainsi que le verset n'est pas un hasard : C'est Allah qui l'a décidé !

Pour ma part je suis tombé sur la sourate 53 verset 16 !

Le rêve du croyant est une fenêtre ouverte sur le monde de l'invisible : Parfois, un rêve peut révéler ce que l'œil éveillé ne peut voir

Il faut savoir que la mort possède un petit frère qui lui ressemble beaucoup et il se nomme « le sommeil ».

Lors de ce sommeil on fait des rêves et parfois on peut les prendre trop aux sérieux ou justement ne pas les prendre au sérieux du tout.

Il est écrit dans le Coran :

> « Allah reçoit les âmes au moment de leur mort ainsi que celles qui ne meurent pas au cours de leur sommeil. Il retient celles à qui Il a décrété la mort, tandis qu'Il renvoie les autres jusqu'à un terme fixé. Il y a certainement là des preuves pour des gens qui réfléchissent. » Sourate 39 verset 42

On lie souvent le rêve produit lors de notre sommeil à notre cerveau parce qu'on a été habitué à vivre dans cet optique où c'est le cerveau qui produit des image la nuit par rapport à des

moments mémorisées en journée, celui-ci met en pause notre conscience afin de laisser place à notre inconscient.

Or le rêve à une explication et signification beaucoup plus pro-
fonde : Le rêve n'est pas que relatif à un organe mais à l'âme tout
entier.

Notre âme quand on dort quitte notre corps et rejoint Allah.
Cette âme est auprès de lui. Certaines âmes ne reviendront plus
dans leur corps = mort et d'autre reviennent dans leur corps. C'est
pour ça qu'on considère le sommeil comme une mort vivante.

Je m'explique les rêves font le lien entre passé, présent et futur
et c'est surtout du rêve dit "prémonitoire" dont je vais m'attarder
car ce genre de rêve bien que sûrement beaucoup 'en n'ont jamais
fait, il existe belle et bien.

Le prophète Mohammad ﷺ a dit :

« Les rêves sont de trois sortes : le rêve véridique, qui
est une bonne annonce émanant d'Allah ; le rêve qui provient du diable et qui afflige la personne ; et enfin, le rêve
qui résulte de ses propres pensées. » (Rapporté par Muslim).

Le rêve qui représente un désir personnel, on le reconnait généralement car on y a pensé la journée puis la chose à laquelle on a pensé se retrouve dans notre sommeil avec nos inquiétudes, nos joies ou encore nos peines.

Il est dit que les rêves provenant du Sheytan sont des mauvais rêves, des cauchemars où Sheytan joue avec nos peurs et nos angoisses et créer des images la nuit pour déranger le jour. Dans ce cas-là il faut crachoter trois fois sur sa gauche et chercher refuge auprès d'Allah contre Sheytan et contre ce que l'on a vu et se tourner de l'autre côté sans raconter ce rêve à personne sous peine qu'il se réalise.

Et il y a le reve provenant d'Allah qui est une bonne annonce au croyant ou un avertissement. Au fur et à mesure que le temps progresse, le rêve du musulman devient de plus en plus vrai. Ceux d'entre vous dont les rêves sont les plus vrais sont ceux qui évitent le plus le mensonge.

En effet le prophète Muhammad ﷺ a dit :

> « Le rêve du croyant est une partie des 46 parties de la prophétie, il est comme accroché à la patte d'un oiseau tant qu'il n'est pas divulgué et s'il est divulgué il se réalise » (Rapporté par Tirmidhi dans ses Sounan n°2279 qui l'a authentifié et il a également

été authentifié par Cheikh Albani dans sa correction de Sounan Tirmidhi)

Donc le rêve prémonitoire existe bien, qu'il soit une bonne annonce provenant d'Allah ou un avertissement contre une situation ou vis-à-vis d'une personne ou d'un groupe de personne. Certain prophète faisait aussi des rêves prémonitoires !

Au début quand on a notre premier rêve prémonitoire c'est cool. Mais il se peut que pour certaines personnes ces rêves prémonitoires se multiplie et là ça devient une véritable épreuve. Car ces personnes s'exposent à des risques de mal interprétation ou encore vont adopter des comportements qu'il n'aurait pas eu normalement sans ces rêves.

Je vais parler du cas d'une amie à moi qui faisait des rêves sur certaines personnes en particulier et elle pouvait même savoir quand elle allait les croiser, leur situation familiale et même les vêtements qu'ils porteraient. Elle en devenait folle car elle ne savait pas comment agir ou réagir face aux situations.

Sachant qu'il a été dit par Ibn Al Quayyim ceci :

« Lors de son sommeil l'âme voyage librement et rencontre les âmes d'autre personne, une partie de ce qu'elle apprend est véridique et la partie mensongère est fausse. La partie mensongère est le rêve normal ou le chuchotement de l'âme »

On pourrait donc se dire que les âmes se rencontre lors du sommeil et qu'il y a une certaine affinité avec des personnes plus que d'autres !

Mais attention on pourrait penser que les rêves prémonitoires sont signe de notre augmentation niveau foi alors que même un non croyant peut faire des rêves prémonitoires car les rêves ça concerne tout le monde. Comme je le dis souvent : Les voleurs volent souvent mais ça leur arrive parfois aussi d'acheter.

Dans le cas de mon amie qui faisait souvent des rêves prémonitoires elle me disait souvent ces paroles ci :

« On devient parano, au point où on vit en fonction de nos rêves, on a des aprioris sur des gens ou sur des situations qui nous pousse à faire des choses que l'on n'aurait jamais pensé faire en temps normal et par la suite on regrette puis on rejette la faute sur Allah alors que c'est juste nous qui avons mal interpréter. Parfois je faisais des rêves prémonitoires avec des moments très triste et quand cela se réalisait dans la vraie vie, j'avais cette impression de vivre deux fois la même douleur d'une manière intense. Le rêve prémonitoire faisait partie de ma vie quotidienne et quand je n'en faisais pas je pouvais éprouver une très grande tristesse qui pouvait mener à la dépression car je ne savais plus comment agir face à cette personne ou face aux situations quand il n'y avait pas de rêve et donc je devenais une cible facile du Sheytan. Pour moi ce rêve était un guide de vie, un guide sur comment agir avec les personnes dans la réalité alors que ce guide il est écrit dans une langue que je ne comprenais pas forcément et que je ne pouvais traduire sans erreur »

Après avoir effectué la salat Istikhara (Prière en 2 unités qui consiste à consulter Allah sur une décision afin d'obtenir un signe pour savoir si le projet que l'on souhaite commencer est positif pour nous ou négatif), combien de personne on annuler des projets superbes à cause de rêve mal interpréter alors que les projets étaient un bien pour eux ?

La salat Istikara se manifeste souvent sous forme de ressenti ou encore d'un signe dans la réalité puissant qui nous fait comprendre qu'Allah تعالى a répondu à notre invocation.

L'interprétation des rêves est une vraie science mais chaque interprétation dépend de la personne, du contexte, de son environnement et du moment. Donc par exemple même si une personne fait le même que moi, cela ne veut pas dire que ce qui lui arrivera sera similaire à ce qui m'arrivera.

Les rêves prémonitoires sont des révélations et interpréter les révélations sans crainte et sans doute est très compliqué car cela relève de la grâce d'Allah qui veut ou non que ses serviteurs comprennent.

Rappelons que dans l'histoire du prophète Yusuf que la paix soit sur lui, celui-ci a confié à son père avoir fait un rêve où il a vu onze astres, le soleil et la lune qui se prosternaient devant lui. Son père prophète Yacoub que la paix soit sur lui l'a mis en garde contre le fait de raconter son rêve à ses frères, pour ne pas subir leur jalousie.

Le prophète Yacoub que la paix soit sur lui, n'a pas su interpréter le songe, mais il était persuadé qu'il comportait une grâce de la part d'Allah pour son fils. Mais ces frères de manière discrète et caché avait déjà entendu et par mécréance et jalousie, ils ont jeté leur frère dans un puits puis sont revenu à leur père en mentant et en lui disant que celui-ci s'était fait dévorer par des loups.

Des années plus tard quand le prophète Yusuf que la paix soit sur lui est devenu adulte et qu'il est devenu ministre des Finances en Egypte fût face à ses frère et ses parents qui venu pour des affaires en Egypte l'on reconnut. Ses frère étonné et surpris de revoir leur frère après de nombreuse années le pensant mort ainsi que ses parents se sont tous prosterner devant lui.

Les onze étoiles étaient ses frères, le soleil était son père et la lune, sa mère.

Le prophète Yusuf que la paix soit sur lui, dit quand il eut compris :

> « Et il éleva ses parents sur le trône, et tous tombèrent devant lui, prosternés. Et il dit : « Ô mon père, voilà l'interprétation de mon rêve de jadis. Allah l'a bel et bien réalisé... Et Il m'a certainement fait du bien quand Il m'a fait sortir de prison et qu'Il vous a fait venir de la campagne, [du désert], après que le Diable ait suscité la discorde entre mes frères et moi. Mon Seigneur est plein de douceur pour ce qu'Il veut. Et c'est Lui l'Omniscient, le Sage. » Sourate Yusuf verset 100

Je le répète les rêves nous concernant sont des informations mais il faut faire attention à comment on interprète c informations.

Concernant le rêve du prophète Yusuf que la paix soit sur lui, on aurait pu lui donner des milliers d'interprétation mais seulement celle-ci fut la bonne et elle n'avait rien a voir avec la prosternations des astres réel.

Ce n'est pas parce que on a vu quelque chose se produire que l'on a le pouvoir de lire dans l'avenir. Il ne faut pas oublier que nous sommes des humains, des êtres incertains et qu'Allah n'a plus donner après le prophète Muhammad ﷺ le don d'avoir une interprétation correcte des rêves et sans doute. De plus les rêves des prophètes sont incomparable aux rêves de nous autres humains !

Donc quand on fait un rêve, n'importe lequel ne nous laissons pas influencer, il faut juste le prendre en compte et demander qu'Allah nous guide dans chaque action et nous protège contre toutes mauvaises situations.

<u>*Celui qui cherche les défauts des autres, trouvera que ses propres défauts sont nombreux : Corrige tes propres défauts avant de pointer ceux des autres.*</u>

Sommes-nous vivants ? Sommes-nous mort ? ou Sommes-nous des morts vivants ?

En d'autres termes cela revient à nous demander non pas de manière physique mais d'une manière allégorique si notre cœur est sain ? S'il est corrompu au désir éphémère ? Ou s'il balance entre le bien et le mal.

Pour savoir quel est l'état de notre cœur il faut faire un récapitulatif sur nous-même quotidiennement.

Il est important de rappeler que le prophète Muhammad ﷺ a dit :

> « Certes, il y a dans le corps un morceau de chair qui, s'il est sain, tout le corps est sain, mais, s'il est corrompu, tout le corps est alors corrompu. Il s'agit du cœur » [Muslim]

On pourrait comparer le cœur à une voiture. Si tu ne remplis pas ta voiture de carburant elle ne fonctionnera pas, de ce fait elle restera toujours statique et vide. Si tu rempli ta voiture de l'essence qui lui convient elle va rouler de manière correcte. Mais si tu rempli ta voiture avec un mauvais carburant cela va entrainer des dommages mécaniques considérable, il faudra prendre des mesures immédiates pour protéger ta voiture.

Mais même en ayant rempli ta voiture avec le mauvais carburant, il y a toujours un moyen de retirer ce mauvais carburant mais il faudra de l'effort, de l'aide, de bons conseils, de la volonté, et surtout ne pas continuer de rouler sinon ta voiture risque de ne plus marcher du tout.

Lisez ce hadith :

Anas ibn Mâlik (qu'Allah l'agrée), relate :

> « Jibrîl (sur lui la paix) est venu au Messager d'Allah (sur lui la paix et le salut) alors qu'il jouait avec des enfants. Il le prit, l'allongea sur le dos, lui ouvrit sa poitrine, ôta son cœur et en sortit un morceau de chair puis a dit :

> " Ceci est la part de Satan te concernant ! "

Ensuite, il le lava avec de l'eau de Zamzam, dans un récipient en or, puis il le rassembla en un tout et enfin il le remit à sa place.

Les enfants s'empressèrent alors d'aller chez sa mère [de lait] - c'est-à-dire : sa nourrice - et lui dirent :

" Certes, Muḥammad a été tué ! "

Alors, ils se dirigèrent tous vers lui et [entre-temps] sa couleur avait changé. »

Anas a dit : « Certes, je voyais la trace de cette cicatrice sur son torse ! » Rapporté par Muslim.

Ce hadith nous prouve que notre cœur a une part de bien mais aussi une part de mal.

Il faut faire la distinction entre défaut extérieur et les défauts qui au départ extérieur s'ancre en nous. On passe donc en un clin d'œil à : « Cette personne a eu un comportement colérique » à « C'est une personne colérique ».

Il faut donc faire attention à contrôler nos mauvais attributs afin qu'ils ne deviennent pas une part de nous.

Mais il faut savoir que malheureusement on a des maladies des défauts qui sont en nous depuis le départ. On a tous un type prédominant de maladies qui est ancré en nous, pas dans notre cerveau mais dans nos cœurs, c'est comme si cette maladie est et restera là pour toujours. Comme une tumeur qui si elle est traitée guérit mais il suffit d'une baisse de forme pour que la tumeur endormie se réveille. Parfois certaine personne ne traite pas la tumeur et celle-ci prend de plus en plus d'ampleur jusqu'à prendre toute l'espace.

Et je vais vais vous citer quelques maladies qui selon moi proviennent du cœur en lui-même :

  -L'orgueil
  -La rancune (qui peut mener à briser les liens, la vengeance)
  -L'hypocrisie
  -L'envie
  -La jalousie incontrôlée

Généralement ce sont les gens ou des situations qui nous font remarquer qu'on a ces maladies en nous. Quand on s'en rend compte, soit on est en phase de déni ou bien on n'en a rien à faire ou encore on essaie de s'en débarrasser.

Déjà avant de vous dire les remèdes pour essayer de contrôler ces maladies, il faut comprendre qu'on est des humains. On n'est pas des anges au cœur pur, on est pas immunisé aux turpitudes de la vie et il faut l'accepter. L'Homme n'est pas parfait et le cœur je le répète est initié vers les mauvais désirs. Il faut se pardonner, ne pas être trop dur avec soi et ne pas tomber dans le désespoir quitte à laisser cette maladie détruire notre âme, notre corps et notre esprit.

Allah تعالى, dit dans le Coran sourate 91 :

> 7. Et par l'âme et Celui qui l'a harmonieuse-ment façonnée ;
> 8. et lui a alors inspiré son immoralité, de même que sa piété !
> 9. A réussi, certes celui qui la purifie.
> 10. Et est perdu, certes, celui qui la corrompt.

Qui a créé notre âme ? C'est Allah تعالى ! Qui lui a inspiré son immoralité et sa piété ? C'est Allah !

La bataille n'est pas forcément à l'extérieur de nous : « Il ne faut pas voler", " Il ne faut pas que je triche" etc.

La bataille est aussi en nous même, Allah تعالى nous défi de partout et même en nous. On doit prouver notre valeur à Allah car il sait ce qu'on divulgue au gens mais il sait aussi ce que l'on cache au gens.

Allah nous a insufflé ces défauts pour qu'on les corrige et qu'on se rapproche des remèdes tel que : Le Coran, l'invocation, la prière, le dhikr (le fait d'évoquer Allah par les mots qu'il aime comme Allah est le plus puissant, Gloire à Allah, qu'Allah nous pardonne etc…).

Le dhikr est une action de nos jours extrêmement négligé sachant qu'Allah a dit :

> « Je serais avec mon serviteur où il pense me trouver, je serais avec lui lorsqu'il m'évoquera, s'il le fait en lui, Je le ferais en Moi, s'il le fait devant une assemblée, Je le ferais devant une assemblée bien meilleure encore »

Si Allah est avec toi, qui et quoi aura la force d'être contre toi ?

Celui qui invoque et celui qui n'invoque pas Allah est semblable au vivant et au mort comme l'a dit le prophète Mohammad ﷺ.

On peut aussi trouver des remèdes dans le fait de se rappeler des histoires des différent prophètes qui je le rappelle sont des humains qui ont prouvé leur valeur eux yeux d'Allah تعالى de la plus belle des manières !

Avoir simplement l'intention de purifier nos coeur est déjà une très belle avancée qu'Allah prend en compte. Donc il faut réellement faire un bilan quotidien sur nous même, résister et se battre face à nos propres défauts.

Plus tôt une maladie sera traitée, moins de séquelles elle laissera !

La mort est le grand égalisateur ; elle ne fait aucune distinction entre les riches et les pauvres : Souviens-toi de la mort et ta vie prendra un nouveau sens

Quand on vous parle de la "mort" à quoi penser vous ? Personnellement je ne pensais à rien ou plutôt j'étais partagé entre la peur et l'insouciance.

Parce qu'en vérité avant aujourd'hui je ne m'étais pas renseigné sur ce qu'était la mort et son processus etc. Je ne voulais pas savoir… Mais Allah تعالى nous dit :

> « La mort que vous fuyez va certes vous rencontrer. Ensuite vous serez ramenés à Celui qui connaît parfaitement le monde Invisible et le monde visible et qui vous informera alors de ce que vous faisiez » Sourate 62 verset 8

Donc autant en apprendre plus sur cet événement qui va m'arriver un jour ou l'autre.

Il a été dit que les personnes issues de la communauté du prophète Mohammed ﷺ, peu d'entre eux ne dépasseront la tranche d'âge de 60 / 70 ans.

Mais avant de parler plus profondément du sujet de la mort faisons cette invocation : Qu'Allah fasse miséricorde à nos frères et sœur musulman mort martyr ou non. Amin !

En tant que Musulman il est important de savoir une chose : Cette vie ne vaut rien pour Allah.

Nous humains pensons généralement ainsi : La vie, la mort comme une pause/transition puis une nouvelle vie mais en réalité il faudrait plutôt penser ainsi : La mort puis après la vraie vie.

Cette vie n'a pas de sens sans la mort car la mort fait partie de la vie.

Le deuxième nom de la mort est la certitude.

Un imam a dit cela pour expliquer ce qu'est la certitude au-delà de sa simple définition :

> « Prenez par exemple des objets tels que les montres. Bien que vous ne sachiez pas qui sont les personnes derrière leur fabrication et que vous ne

les avez pas vu en œuvre certes mais vous savez qu'il y a bien des humains derrière cela. Toutes créatures est une preuve qu'il y a un créateur »

Voici un schéma pour que vous compreniez qui sont les acteurs du processus de la mort :

ALLAH -- >> Ange de la mort -> Anges de la tombe → Soit anges de la miséricorde / Soit anges du châtiment

Pour comprendre la mort il faut parler de l'ange de la mort et le connaitre. L'ange de la mort est l'un des plus grands anges rapprochés d'Allah. C'est l'ange qui collecte toutes les âmes arrivé a leur terme, qu'il soit humain, animaux ou Djinns.

Cet ange est rapide, très rapide et il a un « caractère » impassible et Allah lui a accordé un pouvoir très conséquent sur nous : La tâche d'arracher les âmes.

Du point de vue de l'ange de la mort, le monde est pour lui comme une pièce de monnaie dans le creux de la main de l'un d'entre nous. Pas une maison dans le monde sans qu'il n'y entre au moins 5 fois par jour.

Pour vous montrer à quel point l'ange de la mort fait peur voici deux récits :

Le prophète Mohammad ﷺ, lors de son ascension dans les cieux a vu un ange qui ne regardait ni à droite ni à gauche, notre prophète que la paix et la bénédiction soit sur lui, questionna l'ange Djibril a son sujet. Il lui répondit que c'était l'ange de la mort.

Le Prophète que la paix et la bénédiction soit sur lui dit alors à Djibril :

« Quelle grande catastrophe, que la mort, ò Djibril ».

L'ange Djibril répondit ;

« Ce qu'il y a après la mort est encore plus catastrophique que la mort »

Voici le deuxième récit :

Un jour le prophète Ibrahim que la paix soit sur lui, demanda à l'Ange de la mort : « *Est-ce que tu peux me montrer l'aspect que tu as quand tu prends l'âme d'un débauché ?* »

Il lui dit : « *Ecarte-toi de moi.* »

Le prophète que la paix soit sur lui, s'écarta de lui puis se tourna vers lui. Le prophète Ibrahim que la paix soit sur lui, vit alors un homme noir, aux poils hérissés, à l'odeur mauvaise, portant des vêtements noirs. De sa bouche et de son nez sortaient des flammes de feu et de la fumée. Le Prophète Ibrahim que la paix soit sur lui, perdit connaissance.

Quand le prophète Ibrahim que la paix soit sur lui, revint à lui, l'Ange de la mort avait repris son apparence première.

Le prophète que lui paix soit sur lui, s'exclama alors : « Si le pervers ne rencontre que ton image, cela lui suffirait comme punition horrible »

Il est aussi dit que lors de la mort, le châtiment vient à droite et à gauche de notre âme pour venir nous « attaquer » mais pour le croyant, le vrai, les bonnes actions, sa lecture du Coran, son jeune, ses aumônes viendront s'interposer entre son âme et le châtiment.

Puis après vient les 3 fameuse question des deux anges de la tombe :

Qui est ton Seigneur ?
Quel est ta religion ?
Quel est ton prophète ?

Mais pour répondre à ces questions, le cerveau n'est pas là mais c'est ton âme qui répondra selon si elle a reconnu Allah comme son Seul Seigneur, si elle a été éduquer de la bonne manière ici-bas dans la religion, si elle pratiquait la religion et enfin si elle suivait la Sunna.

Pour l'âme qui répondra correctement : Sa tombe s'élargira, les anges de la miséricorde le parfumeront du meilleur parfum du paradis, l'âme montera jusqu'au 7e ciel avec pour acclamation les anges qui l'appelleront de tous les noms glorieux que cette âme a pu recevoir dans cette vie ici-bas "oh c'est le fils/la fille d'un tel et d'une tel" et cette âme redescendra sur terre, dans sa tombe, voyant nuit et jour sa place au paradis. La seule chose que cette âme demandera à son seigneur est la suivante ;

« Oh Allah fait venir l'heure. »

Car ce genre d'âme attend impatiemment son entière rétribution pour toutes les épreuves qu'elle a endurée et sa récompenser sera le paradis.

Alors qu'au contraire l'âme mauvaise ne répondra pas correctement au 3 question parce qu'elle n'avait pas assez de bonne connaissance, pas assez de bonne pratique pour répondre.

La tombe de ce genre d'âme va se rétrécir au point ou ses coté vont s'entrechoquer, les anges du châtiment vont le parfumer du pire parfum de l'enfer, les anges ne vont pas le glorifier et la seule envie de cette âme sera de revenir sur terre adorer son Seigneur comme il aurait dû.

Lors du jugement dernier, la mort va se matérialiser devant les mécréants et celle-ci sous l'ordre d'Allah se fera étrangler. C'est à ce moment-là que ce genre d'âme verra sa dernière chance partir en fumer.

La mort n'existe plus, le verdict est éternel --> L'Enfer comme demeure éternel pour les pervers et le paradis comme demeure éternel pour les croyants.

Maintenant le musulman se doit-il de craindre cette mort et la voir d'une façon négative ?

Selon moi on doit craindre la mort car c'est un tremplin vers le jour du jugement dernier.

De plus on a tellement été habitué à la vie ici-bas donc la mort nous est inconnu. Mais la mort n'est pas une fin en soit, notre objectif est de profiter de l'éternel et non de l'éphémère. C'est donc le moment de commencer la course aux bonnes actions et profiter de cette vie pour préparer notre mort, car cette vie est comme un énorme magasin où l'on doit chercher les meilleures provisions avant le grand départ !

Voici deux récits concernant la réaction face à la mort de deux prophètes que la paix soit sur eux. Les réactions sont assez différentes et m'ont extrêmement touché :

Quand Allah تعالى voulut prendre l'âme du prophète Ibrahim que la paix soit sur lui, Allah fit descendre l'Ange de la mort

L'Ange de la mort dit : Que la paix soit sur toi ô Ibrahim !

Le Prophète Ibrahim que la paix soit sur lui, dit : « Que la Paix soit sur toi Ange de la mort ! Tu es venu pour m'appeler ou pour m'annoncer la mort de quelqu'un ? »

L'Ange de la mort dit : « Non ! Je suis venu pour t'appeler !

Le Prophète Ibrahim que la paix soit sur lui dit : « As-tu vu qu'un Ami intime fasse mourir Son ami intime ? »

L'Ange de la mort retourna auprès d'Allah (que Sa Majesté soit magnifiée !) et Lui dit : « Mon Dieu. Tu as entendu ce que T'a dit Ton ami intime Ibrahim ? »

Allah (que Sa Majesté soit magnifiée !) lui répondit : « O Ange de la mort ! Va chez lui et dis-lui : « As-tu vu un bien-aimé détester rencontrer Son Bien-Aimé ? Le Bien-Aimé aime la rencontre de Son bien-aimé ! »

Il y a aussi ce récit :

L'ange de la mort fut envoyé au prophète Musa que la paix soit sur lui. Lorsqu'il arriva près de lui, le prophète Musa que la paix soit sur lui, lui donna un coup de poing dans un œil.

L'ange retourna vers Allah et dit : « Tu m'as envoyé à un serviteur qui refuse de mourir. »

Allah répondit : « Retourne le voir et dis-lui de passer sa main sur le dos d'un bœuf ; dis-lui que pour chaque poil qui restera dans sa main, une année supplémentaire lui sera accordée. »

Apprenant cela, le prophète Musa que la paix soit sur lui, dit : « Ô Seigneur, qu'arrivera-t-il après cela ? »

Dieu lui dit : « Après, la mort. »

Alors le prophète Musa que la paix soit sur lui répondit : « Laisse-la venir maintenant ! »

Puis, Le prophète Musa que la paix soit sur lui, demanda à Allah تعالى de le faire mourir près de la Terre Sainte afin qu'il ne soit qu'à deux pas d'elle.

Aimez-vous les uns les autres pour l'amour d'Allah, car l'amour pour les croyants est une partie de la foi

En fait on a fait du thème de l'amour un sujet tabou en islam de nos jours, c'est un sujet qui me gêne extrêmement mais on n'y échappe jamais.

En réalité ce n'est pas le sujet qui est gênant en soi mais à cette époque, l'amour se résume à Halal / Haram or dans cet Halal vs Haram on ne sait plus trop ce qui est Halal ou Haram.

On se demande si on a réellement le droit d'aimer… Puis certains imams aussi qui rajoute inconsciemment cette dose de peur et nous font comprendre la mauvaise égalité : l'amour = péché

Alors qu'en me renseignant, plus profondément sur le sujet, en ayant lu quelque verset du Coran puis surtout en ayant comme principale source le prophète Muhammad que la paix et la bénédiction d'Allah soit sur lui, on se rend compte que le thème de l'amour est un sujet très simple mais nous le rendons compliqué.

On a banalisé le fait de vivre dans la dureté des actes et des paroles, et notre cœur a force s'est épuisé.

Or le prophète Muhammad que la paix et la bénédiction d'Allah soit sur lui, a dit

Il ﷺ a également dit :

> « Certes cette Religion est solide et dure ainsi vous devez avancer dedans avec douceur » (Rapporté par Ahmed dans son Mousnad n°13052 et authentifié par Cheikh Albani dans Sahih Al Jami n°2246)

Donc mon but n'est pas de faire un débriefing sur ce qui est Haram et Halal.

L'amour est la base de la vie, on aime Allah, on s'aime, on aime nos parents, on aime nos amis etc. L'amour est naturel il ne peut qu'exister d'ailleurs on sait que le prophète Adam que la paix soit sur lui, fût le premier à goûter au paradis pourtant il se sentait vide et n'arrivait pas à bien profiter de tous ses délices car il était seul :

Adam ouvrit les yeux et vit une jolie femme qui l'observait, penchée sur lui. Surpris, il demanda à la femme pourquoi elle avait été créée. Elle lui dit qu'elle était là pour combler sa solitude et pour qu'il puisse vivre en toute tranquillité auprès d'elle. Les anges questionnèrent Adam ; ils savaient que celui-ci possédait un savoir qui leur faisait défaut et qui était essentiel à la vie des hommes sur terre. Ils demandèrent : « Qui est-ce ? » Et Adam répondit : « C'est Ève ».

> « O hommes ! Craignez votre Seigneur qui vous a créés d'un seul être, et a créé de celui-ci son épouse, et qui de ces deux-là a fait répandre (sur la terre) beaucoup d'hommes et de femmes. Craignez Allah au nom duquel vous vous implorez les uns les autres, et craignez de rompre les liens du sang. Certes Allah vous observe parfaitement. » sourate 4, verset 1

Même en ayant le paradis et toutes ses merveilles il avait besoin de Eve que la paix soit sur elle, pour se sentir pleinement heureux, elle a joué un rôle très important dans sa vie.

Aimer n'est pas interdit loin de là mais le véritable problème c'est que ça peut mener petit à petit à la fornication avant le mariage donc il faut un cadre à cela.

> « Et n'approchez point la fornication. En vérité, c'est une turpitude et quel mauvais chemin ! » sourate 17 verset 32

« Et ceux qui n'invoquent pas d'autre dieu avec Allah et ne tuent pas la vie qu'Allah a rendue sacrée, sauf de bon droit ; et qui ne commettent pas de fornication, car quiconque fait cela encourra une punition. Le châtiment lui sera doublé, au Jour de la Résurrection, et il y demeurera éternellement couvert d'ignominie » sourate 25 verset 68-69

Le problème souvent c'est qu'on aime sans forcément connaitre et notre cœur ressent toutes les sensations de ce prétendu amour en claire il nous « feinte ».

L'amour en islam c'est quelque chose de fort et de puissant qu'Allah agrée et à notre époque, malheureusement notre cœur s'est habitué à ressentir sans fondement qu'Allah agrée et pour des raisons futiles.

On ne peut pas dire qu'on aime quelqu'un sans le connaitre et on ne peut pas dire qu'on aime quelqu'un si on ne prévoit pas le mariage avec puis généralement le premier sens qui nous pousse vers la fornication ce sont les yeux.

De part ce qu'on voit, notre cerveau imagine et par cette imagination notre cœur bat, ces battement trouble la raison qui ne fonctionne plus et notre corps réagit au rythme de ces battements que Sheytan aime et nous mène vers ce qu'Allah déteste.

Un poète a dit ;

> « Chaque fois que tu envoies ton regard en éclaireur pour ton cœur, les images te fatigueront, Ce que tu verras, tu n'es pas capable de le conquérir complétement et tu n'es pas capable de te passer du peu qu'il t'offre »

Ibn Qayyim a dit ;

> « Le regard est le fondement de tout fléau qui touche l'homme, car le regard suscite la pensée, qui suscite la réflexion, qui suscite le désir, qui suscite la volonté qui se renforce jusqu'à devenir détermination, et l'acte survient nécessairement, si aucun obstacle ne vient l'empêcher. »

Le prophète Muhammad que la paix et la bénédiction d'Allah soit sur lui a dit :

> « Le regard est une flèche empoisonnée parmi les flèches de Satan » (Abou Daoud).

Enfin Allah تعالى dit dans le Coran :

« {Dis aux croyants de baisser leur regard et de garder leur chasteté. C'est plus pur pour eux. Allâh est certes parfaitement Connaisseur de ce qu'ils font.} » Sourate An-Nur verset 30

J'insiste beaucoup sur le regard parce que c'est vraiment le sens qu'Allah nous a donné pour voir ses merveilles mais aussi le sens que Sheytan utilise comme instrument à sa guise pour manipuler nos désirs.

Voyez-vous avant pour ma part je pratiquais la religion dans le vide certes je suis issue d'une famille musulmane mais je ne faisais que suivre plus ou moins le courant des choses comme certains d'entre vous je pense.

Je pratiquais mais mon cœur ne ressentait pas l'amour qu'il devait avoir pour Allah parce que je ne l'avais jamais vu et de part ce fait je n'ai pas voulu chercher à le connaitre. Quelle ignorant j'étais…

Pourtant maintenant je ne vois pas Allah pourtant je l'aime. Nous aimons Allah d'un amour sincère, on l'aime au point de sacrifier beaucoup pour obtenir son agrément pourtant on ne l'a jamais vu.

Et c'est ce genre d'amour puissant qui existe au-delà des apparences, au-delà du matériel, au-delà de cette vie, qu'Allah accepte.

Car c'est l'âme que l'on doit aimer et non ce qui l'enveloppe.

Le prophète Muhammad que paix et la bénédiction d'Allah soit sur lui, dit :

> « Les âmes sont des soldats regroupés ; celles d'entre elles qui se connaissent vivent en harmonie, celles qui s'ignorent demeurent en discordance » (Voir le Sahih de Boukhari, titre : les hadith des prophètes, chapitre : les âmes sont des soldats regroupés).

Les âmes s'attirent mais aussi se repousse pour divers et diverses raisons que seul Allah sait.

Or les corps s'attirent ou se repoussent tout simplement par critère physique.

Aimer sans connaitre rend l'état et la force d'esprit faible, puis au niveau de la religion cela impacte énormément selon le type de personne que ton cœur a décidé qu'il ou elle serait sa cible.

Cette pudeur qu'il y avait auparavant sur le point de vue du caractère s'assombrit en même temps que le cœur qui devient étroit et gêné car on s'aperçoit qu'Allah malgré les nombreuses duaa ne nous donne pas ce qu'on veut.

Or les duaa qu'Allah accepte proviennent d'un cœur qui connait ce qu'il veut mais ce que le cœur le connait-il réellement ?

De plus il se peut que l'on veuille quelque chose mais qu'on n'ait pas la capacité d'assumer car quand on demande a Allah en tant que musulman de nous accorder tel ou tel personne avec impatience, quand on demande à Allah qu'il nous permettent d'apprendre à connaitre tel ou tel personne avec envie, notre raison sait que si il nous accorde cet duaa, on ne pourra pas gérer la situation hors du cadre du mariage car le risque 0 fornication n'existe pas.

Finalement ce qu'on demande c'est hors de notre capacité et on demande à Allah de nous accorder l'occasion de nous éloigner de lui ?

Al Hamdoulillah, Allah nous aime et il nous accordera ce qu'il faut, au moment où il le faut, avec l'opportunité à ne pas rater et il nous aidera à chaque étape vers un mariage heureux mais il faut cette intention de mariage et de faire les choses correctement.

Allah connait ses serviteurs et si c'est un non aujourd'hui c'est par sagesse que ce sera un non pour demain ou un oui pour demain.

C'est pour cela que pour certains l'amour peut-être un signe de gratification comme une source si elle est mal gérée, de tentation pour tester notre foi.

C'est un signe de gratification quand on est assez mature, assez autonome et prêt à se lancer malgré certes quelques obstacles (les parents, les origines…) sont une barrière mai pas impossible à gravir).

Mais c'est surtout source de tentation et de tristesse quand on sait qu'il y a les obstacles de base à gravir et qu'en plus on est jeune et changeant, qu'on n'est instable et qu'il suffit d'un rien pour que tous déraillent, ce qui mène à une souffrance tout seul ou bien a deux.

L'amour c'est quelque chose de simple et facile, et généralement on le reconnait du fait de la fluidité des événements et du fait de notre état d'esprit à ce moment-là.

Cette mentalité forte, cette fluidité d'esprit, la succession d'événements destiné, je l'ai retrouvé dans l'histoire d'amour pur et doux entre le prophète Muhammad que la paix et la bénédiction d'Allah soit sur lui et Khadîdja paix sur elle qui sont un exemple.

Soutien inconditionelle, assistance inépuisable, un appui total, une confiance forte et mutuelle malgré la peur, la famine, les persécutions infligé… Comment ne pas admirer ce genre d'amour basé sur l'islam et l'amour d'Allah ?

Même après sa mort le prophète Muhammad que la paix et la bénediction d'Allah soit sur lui, dit :

> « Elle m'a soutenu et réconforté par sa présence
> et par ses biens lorsqu'il n'y avait personne pour me
> secourir »

En vue des épreuves que notre prophète ﷺ a subi bcp si l'amour ne se définissait qu'au regard ou au matériel elle aurait fui. Khadîdja qu'Allah l'agrée était la plus femme digne d'accompagner le prophète Muhammad ﷺ, leur rencontre était simple et destinée et les deux étaient prêt à s'engager pour ne pas tomber dans l'illicite.

Comme notre prophète ﷺ l'a si bien dit

« Il n'a pas été constaté de meilleure chose que
le mariage pour deux personnes qui s'aiment. »

Si on va plus en détails dans leur relation et leur histoire on remarque que c'était de l'amour pur un amour noble, un amour qu'Allah agrée, un amour absolument pas forcé, ni arranger.

Ils ont réalisé la moitié de leur religion.